U0052977

宗教文庫

中國民間信仰與道教

劉仲宇 著

東大圖書公司

自　序

這本書雖然篇幅不大，卻是多年研究的結果。

我是從上世紀 80 年代初進入道教研究領域的。在涉足道教之際，便遇到它與民間信仰的關係問題。還在 1986 年撰寫《中國道教文化透視》（正式出版於 1990 年，學林出版社）時，即有一章談道教的特點和文化背景，其中便討論到「神仙系統與中國人的神道觀」，當然其中不能不涉及制度化宗教的道教與散漫的民間信仰的關係。不過那本書主要討論道教與中國文化的聯繫，所以比較側重於兩者相同或相近的一面。進入 90 年代，曾寫過一本《儒釋道與中國民俗》（出版於 1993年，遼寧教育出版社），其中討論道教與民間信仰習俗的關係就更深入和詳細了一些。1997 年，出版了《中國精怪文化》（上海人民出版社），其中從一個特定的角度，討論了民間信仰中的一個組成部分——精怪或稱妖魅與道教的關係。其後，2002 年初出版的《道教法術》（上海文化出版社），雖然主要是全面地探討道教法術的歷史、理論和儀式等，但因為道法與民間巫術本來就有割不斷的關係，所以在為寫書作準備時便注意蒐集有關兩者交涉的資料，其中也有一部分寫進了書中的各個章節之中。在此期間，也曾就道教與民間信仰關係的某些側面發表過若干論文。因此，可以說，二十多年來，

有關民間信仰與道教關係的研究斷斷續續，卻是從來沒有完全放下過。然而，以此為專題，寫出自己的研究心得，現在這本書算是第一個比較完整的成果。說到這一成果，要感謝東大圖書公司的約稿和聯絡，使我得以撰寫《中國民間信仰與道教》一書，並督促我完成它。說實在的，還在 1995～96 年那時候，自己就有意對此做一個專題研討，提綱也已擬出，然而，因為別的研究課題壓上了身，擬好的提綱也暫時扔在了一邊。要不是東大圖書公司的提議，恐怕不知何年何月才會重拾起這一課題來。同時，也應當感謝叢書的編輯群對稿件提出了一些很好的修改意見，促使我對它進一步的思考和改進。這樣才使得這本書能夠最後到達讀者諸君的手上。

中國傳統文化中，儒釋道號稱三教，是中國文化的主要支柱。說支柱，同時也就意味著它們不能囊括全部的中國文化。中國文化的外沿比這三者的總和要大得多。這三者，都是制度化了的高位文化或曰雅文化，而在民間，還有大量的每日每時在日常生活中重現著的俗文化。這種俗文化，常常很少有固定的典籍做依據，也得少有嚴格的禮儀規範，而主要靠千百年來的習慣，憑民眾對身邊的事情所做的樸素的判斷來維繫和傳承。它常受到三教的影響和一定程度的制約，然而卻經常地越出三教，尤其是古代作為官方指導思想的儒學的藩籬，惹得諸多自命衛道者的儒生大聲疾呼「人心不古」、「禮教不行」，提倡起整頓風俗，或曰移風易俗。不了解這種民間文化、民間風俗，就無法真正理解中國文化。即使有人

將二十五史通讀一過，四書五經倒背如流，道經佛典如數家珍，不去了解民間的文化和習俗，以及具體地觀察它與儒釋道三教這樣的雅文化的關係，那麼他對於中國文化的理解，難免仍然停留在紙上，而看不到鮮活的、不斷綿延著的真實的文化。民間信仰，就是民間文化和民間風俗的一部分，對它的了解，是理解民眾的精神生活的重要途徑，討論它與道教的關係，是中國文化研究的題中應有之義。當然，討論它與儒家和佛教的關係，其重要性同樣如此，只是那不是本書的話題。因此，本書討論的內容，是中國文化研究中的一個不可缺少的側面。

本書的定位是一本通俗性的讀物。考慮到讀者們的需要和時間，書中基本上沒有艱深的文獻引徵，更沒有煩瑣的考證，在行文上力求順暢，語言盡量通俗。不過，作者的寫作態度，卻並不因為追求通俗而捨棄學術上的規整與嚴肅。相反，它仍是一本嚴謹的學術著作，更確切點說，它是在保證學術質量的前提下的通俗性著作。所謂學術質量，主要表現在對所討論的內容有較為嚴格的鑑別，對所作出的結論有一定的事實和理論的支撐，而不是想當然，更不是戲說。同時，也必須注意起碼的學術道德規範，不能掠人之美，不可虛構事實。在作者看來，沒有學術上的嚴肅態度，是無法做學問的，即使勉強去「做」，也不能有真的成績。

當今，要想做嚴肅的學術研究，或者說在做文章、寫書中堅持實事求是的科學態度，有時會遇到一些困難。一是生

活在市場經濟為基礎的社會裡——嚴格說，中國目前還正向
這樣的社會轉型，物質利益的追求似乎壓倒了一切，願意做
學問的，尤其是做人文學科的學問的，越來越少——因為做
這類學問，難於速成，要耐得住坐冷板凳。同時，一部分學
人受名利驅策，顯得特別的浮躁，學問難於速成，卻企求名
利的速成，於是抄襲剽竊、弄虛作假的醜聞時時見於報端。
這種現象的發生，對於每一個學人來說，都是一聲聲的警鐘，
提醒人們注意自律。堅持良好的學風是這種自律的重要方面。
說要「堅持」，是因為學術界近年似乎經常有浮躁之風在吹起，
經不起風吹，難免退縮和放棄。其二是，與學術中的浮躁之
風相聯繫，現在對於各類既有的文獻包括當代人的著作，在
使用和鑑別時，要十分小心。因為影視劇、娛樂圈中戲說成
風，也影響到部分學術著作。前不久讀到一本號稱「民間傳
說」的關於財神的書，有關趙公明的那部分，明顯是根據《封
神演義》復加上作者的編造而成的，是根據小說再創作的小
說。從歷史研究的角度看，這類書與戲說差別不大。民間信
仰與民間傳說常常是親兄弟，如果拿了這種小說，誤當成「民
間傳說」，再由之討論民間信仰，難免謬以千里。其實，誰想
創作一本《財神傳》都無不可，為什麼要打著民間傳說的旗
號呢？他們或者另有理由罷，且不去理會，只是，對這類書，
須小心鑑別才好。另外，也有一些研究，不求甚解，乃至於
沒有深入到真正的歷史文獻中去，得出的結論，自然不會中
肯。比如有人介紹道教的神仙出處，常據《封神演義》，殊不

知《封神演義》是小說，它所「封」的神，本來在道門中都有原型。即如雷部諸神，諸如鄧、辛、張、陶等天君，大抵是在五雷正法的各種科儀書中載明的，《封神演義》對他們作出了刻劃描寫，說成是某些古代將軍受封成雷神，是一種文學創作。這種創作，離開其原型有相當距離。民間的百姓，常常根據戲劇舞臺上看來、故事書中讀來的情節，理解神仙的出處，並不奇怪。然而，作為嚴肅的學術研究，卻不宜捨本逐末，將小說當成根據，而不去查小說本身的原型。如果拿了他的介紹，去判斷雷部神將的「出處」，豈能獲取真相？因此，本書在寫作過程中，盡可能地對討論的問題的來龍去脈，從第一手的文獻中去尋資料，從比較可靠的著作和論文中取材，部分材料，則來自於作者自己的調查。當然，學術研究沒有止境，誰都不敢說寫下的文字已經盡善盡美。我這裡只是說自己的研究態度自求做到實事求是，至於學術上的是非，書中所寫對讀者有沒有價值，有多大價值，還是要由同行的讀者來評判。

2003 年 2 月 10 日序於
上海建德花園寒舍

中國民間信仰與道教

目　次

引　言

　　這本書想要討論的問題，是道教與中國人的民間信仰之間的關係。

　　在正式討論它們的關係以前，先要簡單地說一下這兩者本身，也就是要說一下，將要開始討論的道教、民間信仰這兩者所指是什麼。

　　道教，是形成於中國本土的制度化宗教。道門自己的說法，是由最初的尊神元始天尊傳出其教，或者將其在中國大地上的開端繫於人文始祖黃帝，所以現在不少道觀的文獻和一般宣傳品還用黃帝紀年作為「道曆」。不過，學術界一般的看法，認為它形成於東漢，而在此前還有更深遠的歷史淵源。東漢時，中國大地上突然冒出了許多道派，而且其中多數在民間流傳，與統治者採取不合作甚至對抗的態度，因而被統治者稱為「妖賊」。其中有些道派如太平道，走上了農民戰爭的道路，遭到鎮壓後也就消聲匿跡，有些道派則得以保留，最主要的一支便是張陵（生卒不詳，其修道與創道活動主要在東漢順帝時，即 125–144年）創立的正一盟威道，因為它規定初入道的或者請神職人員舉行宗教服務例要交五斗米，故被教外人士稱為五斗米道。從魏晉以後，又產生了許多新的道派，著名的如上清派、靈寶派、樓觀道等。以後歷代都

有些新的道派形成，而以兩宋金元時期形成的幾個道派如神霄派、清微派、淨明道和全真教等影響較為深遠。明以後，道派幾經分合，形成以正一派和全真派為主流的局面。目前道教主要分布於中國，包括大陸地區、臺灣、香港和澳門，其中以大陸和臺灣兩岸道教的力量較強。同時因為近代以來，華人成批地向海外謀生，道教也隨著他們的足跡傳到了海外，東南亞一帶尤其集中。道教從形成以來，便制定了一定的制度，形成比較穩固的組織。在古代，這種組織主要是由各道派的宗壇、宗派為核心，朝廷、官府則設定若干機構加以管理。近代以來，受民主潮流的影響，道教界醞釀形成自己的全國性或地域性的聯合組織。現今大陸有中國道教協會和各省市道教協會；香港、澳門各有道教聯合會；臺灣也有道教總會，也有其他一些分派別的道教組織。在海外華人中所處的國度裡，凡道教力量較大的，也成立有道教總會、聯合會之類組織。

　　道教以信仰大道及其化身三清、玉皇等神仙為基本特徵。他們所信仰的大道，具有世界本源的性質，又是形成一切人格神的依據，可以化身為元始天尊、太上大道君和太上老君這樣的至高神，任何人以至於有靈性的東西如果得道，也可以躋身於這神靈的世界。由人得道而成的神人，稱為仙人、真人或泛稱為神仙。一旦成為仙人，那麼人就超越了有限的生命，長生不死，即使天地遭受大劫，一時淪壞，仙人也可超脫劫難。這是道教的最重要的信仰。這些信仰，通過歷代

的道士創造經書、論著，不斷地被闡釋、發揮和發展。為了
實現這種信仰或曰理想，道士們探尋各種修仙的方法、途徑，
從冶煉服食金丹，到各類煉氣方法，都曾嘗試過，也積累了
許多改造人們生命有關的寶貴的經驗和慘痛的教訓。同時，
道教又繼承了中國古代巫文化的某些特徵，形成各種道術，
宋明以後，教內習慣稱為道法，綜合起來，十分龐大。道法
的豐富是道教的一個重要特點。歷代道士使用道法為社會服
務，也因道法受到民眾的尊敬，當地方上或家族以及個人有
了無妄之災，包括各類自然災害、各種疾病、生活中無端的
禍患，家中人有壽終正寢或者短命橫夭，都會請道士先生施
行各類法術，予以禳解，或為死者超渡。無論是修道的方法
或是法術，在道教內部都有一些傳授和操作的規範，包括必
須遵守的戒律。一般說來，初時道教的傳承方法比較簡單，
以師徒設下盟誓的方式，保證傳法不走樣。東漢時正一盟威
道教即後來的天師道興起於現在的四川省大邑縣鶴鳴山及鄰
近地區，一度在現今的陝西省漢中一帶，形成一個政教合一
的割據政權，對道民的身分登記、宗教活動都有比較規範的
管理方法。對於入道者，採取授符籙的方式。即根據其人道
階的高低，授予一種似文非文、似圖非圖的憑證，稱為符，
又有一種寫著神名、畫著符，有時還繪上神靈圖像的文書，
稱為籙，合稱為授符籙。授過符籙才能算正式的道門弟子，
授過更高一級的符籙，則表示他或她的道階升遷了。從魏晉
以後，授符籙成為道教組織傳承的主要標誌性手段。金元時

期，由王重陽創立全真教，後由其弟子主要是馬鈺、丘處機等七人，發揚光大，遂大行於世。全真教的傳承，採取授戒的方式。明末清初時，全真教的律師王常月將原來教內秘授的傳戒改為公開放戒，直到現在為止，放戒還是全真派傳授的方式，與正一道的授符籙一起成為道教內部組織方式的主要特色。

上面說到的這一切，都表現出道教是有特定的信仰，有規範的儀式，有相對固定的經典的宗教。而這一切，都由一定的組織機構，予以執行、監督。因此，道教是一個有近兩千年歷史的制度化宗教。從其組織、戒律、傳承和活動方式以及相對穩定的信仰對象來看，它與民間的散漫的鬼神信仰，與在民間從事某些神秘的法術的巫師有嚴格區別。然而，道教的組織比較鬆散，大多數宮觀和道士都直接面對民眾，在民間活動，所以它與民間幾乎存在著天然的聯繫。它參與到中國的民間風俗當中，成為其中不可或缺的組成部分，但也因此而呈現出民間的、世俗的某些特徵。因而，它與民俗，尤其是與民俗的一部分信仰習俗，即我們稱為民間信仰的東西，邊界常常不那麼分明。

至於我們要討論到的另一個方面，民間信仰，其邊界既難以確定，要想定義它就更加困難。中國話中有一句「不著邊際」，指斥有人講話時談不到對象身上，與實際相差太遠。在討論民間信仰時，恐怕稍不當心就會「不著邊際」，因為它本來就邊際不清。民間信仰是近二十年來中國學術界較為關

注的一個領域，發表的成果也甚多，僅臺灣林美容教授編纂
的《臺灣民間信仰研究書目》就有十六開本三九一頁厚厚的
一大冊，那還只是研究臺灣一地的民間信仰的論著的目錄。
大陸上近年也有不少以「中國民間信仰」和地域性的民間信
仰為研究對象的專著出現，至於論文，散在各刊物的便更多，
但似乎沒有對之做過專門統計和編製題錄。此外，大陸學者
近二十年來在民俗學、神話學和一般宗教學的研究中也常涉
及民間信仰的領域。從研究成果的豐富，一方面看到民間信
仰這一領域極為廣闊，到處都是可以討論的對象，同時，從
各家對自己研究對象的界定來看，又很不相同，說明離開形
成一致的結論，為時尚早。當然，這種不一致，也是由研究
對象的難以劃定截然的邊界所決定的。

　　據林美容教授的介紹，「民間信仰」與「民間宗教」有時
很難劃分。在臺灣，是無可奈何之事，因為其中牽涉到宗教
必定與信仰有關，而信仰卻未必是宗教，尤其若宗教指的是
制式宗教的話；再加上漢人信仰的含容性，以及因之而來的
複雜性，要明確地區分民間信仰與民間宗教的確是很難的事
情，只要學者每次用詞有一定、一致的指涉便可。❶編者自
己，則採用民間信仰一詞來指涉一般民眾的信仰體系，所謂
臺灣民間信仰是指臺灣漢人之所有超自然信仰以及與超自然
信仰有關的思想、儀式、組織、活動、事物等。❷這是臺灣

❶　《臺灣民間信仰研究書目》（增訂版），VII。

❷　同上。

的情況。

　　至於大陸學者，似乎對於民間宗教與民間信仰兩者比較注意區分，其中的一個原因是，「民間宗教」在大陸只是一個歷史名詞，現今沒有一個合法的民間宗教，而民間信仰則是到處存在，因此在現實生活中較少發生民間宗教與民間信仰的關涉。但對於什麼是民間信仰，學者中的說法也不一致。這裡隨手抽取寒舍書齋中現成的幾本書，看一下作者們對民間信仰的判定，便發現寬窄不一。烏丙安《中國民間信仰》一書將中國民間信仰稱為「多民族的『萬靈崇拜』和『多神崇拜』」。❸他指出，這種民間的信仰是在寺廟宮觀的香火背後、清真寺和教堂以外的。顯然，他強調的是這種民間的信仰與制度化宗教相區別的特徵。他重申另一著作《中國民俗學》（遼寧大學出版社，1985 年）中的觀點，強調民間信仰的十個「沒有」，即制度化宗教具有而民間信仰沒有的十個特徵，並且稱：「這種對自發的民間信仰和人為宗教所做的宗教信仰要素方面的簡單比較，力求揭示中國民間信仰並不具備所有成型宗教的組成要素，和它將繼續沿著自發的多神信仰發展的本質。」❹烏丙安的觀點一是強調多民族，即將各少數民族的民間信仰也包含進來，加以討論。這是有見地的做法。但在具體討論時，常常將各少數民族中的原始宗教拉到民間信仰的層面，而這種原始宗教，雖有全民性質，在某些方面

❸　烏丙安：《中國民間信仰》，上海人民出版社，1995 年，第 4 頁。
❹　《中國民間信仰·緒言》。

卻與他自己概括的「十個沒有」並不一致。在中國，由於各
民族歷史進程不一，本來應當顯示其歷時性差別的人為宗教
── 它們一般都制度化，所以我們後面一般稱它們為制度化
宗教 ── 與原始宗教，卻出現共時性存在，那種原始的宗教
信仰能否稱為民間信仰，是否應當將民間信仰限定在進入文
明時代以後、相對於業已形成的人為宗教而言，似乎還可以
討論。他二是將民間信仰與人為宗教主要是中國大陸現有的
基督教、天主教、伊斯蘭教、佛教和道教進行對比，揭示與
人為宗教的區別。總的來說，這種思路是站得住腳的，但有
些過分絕對。宗教與信仰無法分開，這種信仰，與一般講的
政治上、社會理想意義上的信仰不同，主要表現在對超自然
的力量如鬼神、上帝以及其超凡能力的崇拜。民間信仰當然
主要是此類信仰，這一點與宗教區別不大，區別在於其崇拜
的動機與人為宗教的主張某種特定的解脫目標和途徑有很大
的不同。因為兩者有共同之處，才會發生相互的滲透、借用，
也由之發生相互的衝撞、制約。

　　大陸學者也常常強調民間信仰作為民俗的一部分具有地
域性的特徵，所以不少學者較多地注意對具體區域的具體情
況的調查和研究，其中大多數成果發表在《中國民間文化》
等刊物上，也形成了若干專著，姜彬教授主編的《吳越民間
信仰民俗》便是較有份量的一種。這本書的作者對民間信仰
的涵義所做的界定是：所謂民間信仰：一、階級社會裡，它
是屬於下層民眾的對鬼神世界和習俗禮儀的一種信仰；二、

它有較強的地域性、社會性和傳統性；三、民間信仰的內容是一個糅合體，它的來源不只一個，有古老的原始信仰的成分，有各個時代形成的習俗信仰和民間塑造的神，也有人為宗教的影響。❺這兒強調民間信仰在階級社會裡的特點，也大致勾勒出它的某些特徵。其著作集中在吳越地區的各種信仰習俗，提供了豐富的民間信仰的資料。

　　本書不是對民間信仰進行專門研究的著作，也不想對於當前學術界在此一領域的研究狀況做綜合的述評，更沒有對它提供一個理論模型的奢望。引這些觀點，主要是為了說明在這一領域，存在著不同的觀點，使用著不同的研究方法。當然，有時稍稍帶上幾句評論，只是自己在讀書時的若干疑問，並非是對它的全面評論。

　　說到這裡，讀者已可以看到目前要拿出一個眾人皆贊同的民間信仰的定義，尚有困難，可能的做法是一個本書的操作定義。在本書中，民間信仰指散漫於民眾中的對於超自然力量的信仰、崇拜，其對象包括對各類神明、精靈、某些自然物和鬼魂的崇拜，而其方式則表現在各種祭祀和溝通人神及企圖用超自然能力來解決現實困難的巫術；從表現形式上看，它與制度化宗教有所區別，一般處於沒有經書、沒有固定神職人員、也沒有規範的儀式的狀態，散漫無序，沒有統一組織；時間上從道教形成以後的歷史說起，以近代和當代為主，至於古代的原始宗教和夏、商、周三代宗教只作為民

---

❺　參看《吳越民間信仰民俗》，上海文藝出版社，1992 年，第 12 頁。

間信仰和道教的共同淵源加以討論，當代仍然存在於某些少數民族中的原始宗教，只作為文化的活化石看，不把它們放到民間信仰的同一層面上。民間信仰中包含著從制度化宗教中吸收來的部分對象和方法，但是，從根本上說，民間信仰對這些對象的認同與制度化宗教不同，也不顧及這些對象在原來的宗教體系中的地位、神格，很少考慮某些方法使用時應當遵循的戒律和其他倫理規範。當然，它是一個極為廣泛的領域，本書不打算跟著民間信仰的全部領域跑，而只考察它與道教相關的那些部分。

至於說到道教與民間信仰的關係，恐怕討論起來也會有種種矛盾。在中國的老百姓中，知道有那麼一種宗教叫做道教的，當然不在少數。不過，要問他們信不信道教，卻眾說不一，在許多地方，老百姓只說：「我信老佛！」但一查他具體信的對象，卻常包括了觀音菩薩、玉皇大帝、關帝老爺以及城隍、土地、山神、龍王的一大群，並不限定於佛教系統的佛菩薩。原來在他們的信仰中，常常將民間的俗神、佛菩薩、道教的神仙，都安頓在一個平面上去崇拜。所以要問他們的信仰與道教有些什麼關係，恐怕不大會有人能回答得清楚。因為在民間，兩者本來就絞合在一起，不易分開。因為這個緣故，學者中對於兩者的關係，認識也不一。像前面引的烏先生的觀點，是強調其相異的，儘管在他的書中也提到民間信仰中含有道教的某些神仙。而臺灣的林枝萬先生則視民間信仰幾乎等同於道教。❻學術觀點不同當然是正常的現

象。本書的任務，不是評價各家觀點，而是想推出筆者自己的一種看法，供讀者諸君參考與批評。以下各章，便是筆者自己的一些研究心得。

---

❻ 參看林美容在《臺灣民間信仰研究書目》中〈臺灣民間信仰的分類〉一節中對林先生觀點的介紹。

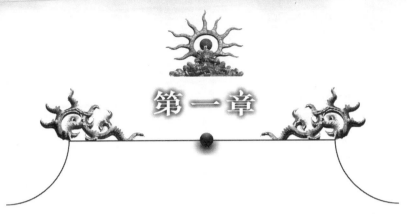

第一章

道教與民間信仰的淵源和特徵

道教與民間信仰同出於中國文化，
主要是古代信仰崇拜體系，
雖然同出一源，但道教向制度化宗教演化，
民間信仰則保留著分散、自發與多元的特點。

　　我們說的中國的民間信仰，與原產生於中國的道教，都是中國文化中的一部分，它們有共同的地方，即都是中國古代文化的產兒，其共同的淵源，可以追溯到從原始時代蔓延到秦漢時代的中國人的信仰體系。但在後來的發展中，民間信仰仍然保留著相當濃厚的原始性，而道教則經過多次加工、整飾，發展成具有濃郁東方特色的高級宗教。因此要想瞭解它們之間的關係，必須要從它們共同的淵源講起。

一、共同的源頭——古代的崇拜體系和巫術活動

　　中國是幾千年的文明古國，與其他古老文明一樣，中國也曾經歷過原始時代，原始的宗教一度成為全體成員共同的文化創造和文化資源。各類在今天看來是奇形怪狀的信仰對象，種種簡單的、今天看來有些荒誕的與信仰對象溝通的方法（主要是巫術），在當時卻是與人們的生活結合在一起幾乎無法分開的。最早還沒有專職的巫師，更沒有現在普遍存在於世界各地的制度化宗教。中國古代由氏族向部落再向民族國家的演變過程中，慢慢出現了專職的或經常性集中於其身的巫師，再後來，原始的宗教與世俗權力相結合，主持原始的祭祀和其他相關活動成為一種特權，慢慢集中在少數氏族貴族手裡，或者也可以說，一部分巫師本身成了氏族貴族。到了文明時代，原始宗教也便演化為國家宗教了。這一過程經歷了相當漫長的時間，追溯這一過程不是本書的任務，這

裡只談一下周代的情況。這不僅是到了周代才文獻足徵，而
且周代的崇拜體系中有許多影響到了後代，儘管那些影響可
能以斷片和模糊的影子存在於後世。

在《周禮》的記載中，人們所祭禮的對象有天神、地示
（祇）、人鬼、物魅。這幾種崇拜對象，並不是從周代突然冒
出，而都有自己形成發展的漫長歷史。探索它們悠久的歷史
不是本書的任務，不過為了說明中國的民間信仰以及道教的
同根性，對它們的面貌和來歷還是要做一點總的交代。

（一）神秘世界的最早成員——物魅

在《周禮》的安排中，物魅的地位最低。魅，即魅，物
魅即百物化成的精靈，後世比較習慣地稱之為精怪。它在周
代的崇拜體系置於最底層，但我們如果將目光移至原始時代，
便可以看到這種百物的精魅，卻是中國古代神秘世界的元老。
它是鬼神觀念的初型，在它之中，或在它的基礎上，後來才
分離出、昇華出各類人鬼和神祇。所以討論中國古代崇拜體
系，須得從這物魅或曰精怪說起。它所形成和演變的過程，
已經埋藏在歷史的塵灰中，須得探賾索隱方能重顯其一鱗半
爪。

所謂物魅，後世多稱之為精怪，傳說黃帝時代，曾有一
種《白澤精怪圖》出現，原因是黃帝獲得一隻會說話的神獸
——白澤，它說了各方面的精怪名稱和形狀共有萬餘種，黃
帝將之記錄下來，便成了《白澤精怪圖》。後起的傳說，當不

得史實。不過從禹時九鼎上的神仍是「百物」的情形，復徵之新石器時代的考古發現，可以斷定，原始時代，精怪成群，在某一時期匯集成一個系統是完全可能的。自然它的彙編者不一定是黃帝，中國人常將許多發明創造掛在黃帝名下，只是表示一種文化上的尋根與認同，就這兒討論的物魅或曰精怪的起源而言，其根源在黃帝之前。

那麼這物魅是怎麼來的？

十九世紀七十年代，英國的人類學家泰勒曾提出萬物有靈論，他認為宗教產生以前，原始人從對影子、回聲，尤其是夢魘現象的感受，以為人有兩個實體，一為軀體，一為靈體。他們把靈體的觀念移至自然界，於是篤信自然界的萬物無一不具有靈體。這便是萬物的有靈論，它是原始時代的宗教感情的最初顯現，後代的一切信仰、迷信無不導源於此。但他的觀點，曾受到其他一些人類學家的反對。主要是從人類學的調查發現，世界上尚有一些民族，沒有形成靈魂的觀念，但已有巫術，已有對自然物具有人類的某些品格的觀念。有的人還提出「前萬物有靈論」與之對立。其實，泰勒說「萬物有靈」在原始時代是存在的，而且其影響直達於當代。物魅或曰精怪，就是萬物有靈論的表現。問題是，萬物有靈論本身是歷史的產物。就是說，它並不是我們的初民固有的觀念，而是在社會和人類思維的發展到一定的程度才產生的。其關鍵是靈魂觀念的出現。而在靈魂觀念出現以前，原始人就有將自然物擬人化或曰人格化的現象，它才是物魅或曰萬

物有靈的歷史的、也是邏輯的起點。

這種將自然物人格化——即將自然物看成與人一樣會說話會行事，有好惡，簡言之，人能的一切，自然物也皆能，——西方的不少人類學家，都曾指出過在一些未開化人群的思維和實踐中，普遍存在著。中國漢族進入文明時代已極久，所以很難再尋得其跡，而在一部分少數民族的神話中，還保留著一些痕跡。納西族的《創世紀》說：「很古很古的時候，天地還是渾沌不分的時代，『男神石』『女神石』會唱歌的時代、樹木會走路的時代、石裂縫會說話的時代……」這兒說的，從今人的立場看是荒謬的故事，當然不是自然歷史的真實，但卻是納西族觀念史的一種回憶：「很古很古」的時候，他們祖先們心目中的樹木、石裂縫都是與人一樣會唱歌、會說話、會走路的。

這將自然物人格化的傾向，假使要問其緣由，須得從人類進化史、大腦和語言的發展史上加以探討，限於篇幅，這兒不來詳說。只是要指出一點：它是人類歷史上普遍有過的現象，中華民族當然也不例外。自然物擬人化，是物魅觀念的最初源頭，也可以說是其觀念形成的預備階段。然而，在這一階段，這些能說話的自然物尚以直接外觀形態的面目呈現在人的意識中，它們還不具備物魅具有的變化莫測的特點。

中國人頭腦中的精怪，不僅有自然物做它的原形，而且本身具有靈性，可以變化莫測。它可以說是自然物中的精靈。這是人們將靈魂的觀念賦於自然物的結果。因此，它的前提，

是人類本身產生靈魂觀念。只有靈魂觀念產生之後，泰勒說的萬物有靈論才會出現。

那麼，這一靈魂觀念是在什麼時候出現的呢？對此，很不容易回答。世界各民族社會發展的速度不一，靈魂觀念的產生，不可能是同步的，當中國的漢族早已將靈魂觀念產生的歷程留在塵封的歷史中時，上世紀末、本世紀初某些人類學家卻還到過少數尚無明確靈魂觀念的民族。就中國的考古發現說，在大約一萬八千年前的山頂洞人，死後有隨葬物品，其中有燧石器的石珠、穿孔獸牙等裝飾品，而且屍骨上布有赤鐵礦的粉粒。歷史學家據此推測，他們可能有了原始的宗教觀念。據瞭解，一些近代仍處於原始社會階段的民族、部落中，有的認為紅色代表鮮血，是生命的來源和靈魂的寄生所，因此，這階段，人們可能有了靈魂觀念。赤色的鐵礦粉，是為了死後靈魂仍有所寄託。山頂洞人，處於母系氏族階段，漢族離開這一階段已很遙遠，要瞭解早期的靈魂觀念，主要參考我國少數民族的資料，同時借鑑國外人類學的成果。

靈魂觀念的產生，與人的夢境有直接關係。國外大量人類學的資料證明瞭這一點，我國少數民族如景頗、佤族、傈傈族的觀念也都證明瞭這一點。比如，傈傈族，「他們認為人具有肉體和靈魂兩種本質，人之肉體從母體出世就附著靈魂，證實靈魂之存在是夢境，人在夢中一切所見所聞，所作所為都是靈魂的活動。人死只是肉體之死，而靈魂是不死的。人死之後，如死者是兒童，其靈魂到藍坪之車司拉加德地方去，

成人之靈魂則去到藍坪一山上之大森林中（該地名尼司尼難麼，亦稱紅、黑土地方）。病者『失魂』後請尼扒招魂，其解釋就是向尼司尼難麼、車司拉加德等地去招。」❶以夢境去「證實」靈魂，說明他們最初從夢中感受到靈魂，並將之當成確切的事實肯定下來，在其集體意識中又將其當成可以證明靈魂存在的真理。

　　同時靈魂觀念的產生，也與古人對自己的影子的性質不清楚有關。不少原始氏族部落的情況都說明瞭這一點。列維・布留爾在《原始思維》中曾引用過一些例子。譬如：「很難確切地說出菲吉人是怎樣想像人的不死部分的實質。"yalo"這個詞有下面的意義，它與作為後綴的代詞連用表示精神，如"yalo-ngu"，它與單個的物主代詞連用則表示幻影或靈，"yalo-yalo"表示影子，從物生代詞是後綴這一事實中我們可以推測：精神被認為是像人的手膀那樣與人的身體緊密相連的，而靈魂則是什麼可以分開的東西。」❷魂是影子的觀念，在中國歷史上曾經普遍存在，而在一部分少數民族中，目前仍有遺存。比如藍坪怒族若柔人的語言中，稱人的靈魂為「臘攏」，它同人的影子有密切的關係。認為人的靈魂不止一個，當不同角度的光源照射在人的身上時，出現幾種陰影，也就是人有幾個靈魂的證明，一般都忌諱有意識地踩踏人的影子。

---

❶　《中國原始宗教資料叢編》，上海人民出版社，1993 年版，第 722 頁。

❷　[法] 列維・布留爾：《原始思維》，丁由譯，商務印書館，1981 年版，第 80 頁。

　　總的來說，在中國人的頭腦中，人的靈魂是可以離開人的肉體但又居住在肉體內的精神性的實體，它像影子般地若隱若現。從人類思維的發展來看，靈魂觀念的產生，是原始居民思維能力的巨大進步。因為從這時起，人們開始覺察到了精神活動的特殊性，開始對這種特殊性進行思考。人們的精神世界，是比身體的生物構造遠為複雜的東西，當靈魂觀念產生以前，人們對自己為什麼有生命、為什麼能思考都還渾渾噩噩，不知道反思，甚至沒有覺察到是個問題。而靈魂觀念的產生則是對這種混沌無知狀態的初次打破。

　　隨著人們對自己的靈性開始了覺察，同時也將這種靈性，推廣到了其他自然物，於是產生了萬物有靈的觀念。這是前面提到的將自然物人格化、擬人化的發展。

　　有了靈性，變幻莫測，於是其「物」便成了魅、成了精，物魅方正式登上中國人觀念史的舞臺。而經過漫長的發展，物魅跟著中國先民的步伐進入了文明時代。它們是迄今為止仍然在許多中國人中信仰著的各類自然物變成的精怪、神靈如樹神、狐大仙、蛇精等等的直接源頭。一般地說，在宗教學和人類學上，將這種對自然物的崇拜，稱為自然崇拜。物魅是中國古代自然崇拜的表現。

（二）鬼的原義和人鬼系統的出現

　　在古代的崇拜體系中，人鬼無疑占有十分重要的地位。依照後來人的解釋，鬼，就是「歸」，即回到了大地，到了與

生前不同的世界。那歸去的自然不是人的肉體，而是靈魂。據《禮記・祭法》說，大凡生於天地之間的，都有命。萬物死亡稱為「折」，而人死去叫「鬼」。似乎鬼是人死後的專名。其實並不見得。鬼的原義並不專指人鬼，而是泛指百物的精魅，就是前面提到的精怪。

據太炎先生所說，鬼字上部：「甶」，係猛獸之頭，聲與老精物「魅」近。即是說，最初，它是指某種猛獸變成的精怪。鬼與夔同音，本來當是一物，都是指怪獸，以後才孳郛為專指人的靈魂所變的鬼物。❸這一推測，我們認為是可信的。我國少數民族的寶貴資料直接、間接地印證了章太炎的觀點。

比如獨龍族所想的鬼，是一種似猴，渾身長毛，生性兇殘的精怪，只是它們能看見人，人卻看不見它們，經常受到它們的侵害，鬼和人的靈魂「阿細」的觀念在邏輯上是並列的，沒有隸屬關係。❹彝族的傳說，也反映了在觀念的歷史上，先有精怪的觀念，後才出現鬼的觀念。涼山彝族傳說，鬼的祖先叫茲茲宜乍。宜乍原是一隻灰白的獐子。❺在這則傳說中鬼的祖先是動物精怪，曾經變成美女嫁人，由於和她

---

❸　《文始》卷二。

❹　參看《中國原始宗教資料叢編》，上海人民出版社，1993 年版，第 621 頁。

❺　馬學良等編著:《彝族文化史》，上海人民出版社，1989 年版，第 201–201 頁。

結婚的人對之起了疑心，妖精才被殺死，變出了原形，一些人吃了她的肉，也變成了鬼。

納西族的觀念中，也是以各種蛇、蟲、豬、鳥的形象來設想鬼怪，而且認為鬼怪並非人的靈魂所變，而另有來源，係惡神依古丁那作法變出的黑蛋中孵化出來。從他們的《東巴經》中描述來看，這些鬼怪原先都是自然界的精靈；至少是其中只有一部分由人的靈魂變的，其餘則是精靈。《中國原始宗教資料·納西族卷》列納西族主要鬼怪四十二種，這些鬼怪除了少數幾個如吊死鬼、殉情鬼稍有人形外，其餘皆為動物精怪之形。可以斷定，納西族的鬼怪觀念，原來並不繫於人的靈魂，而另有形成渠道。其主要渠道就是從對動物（包

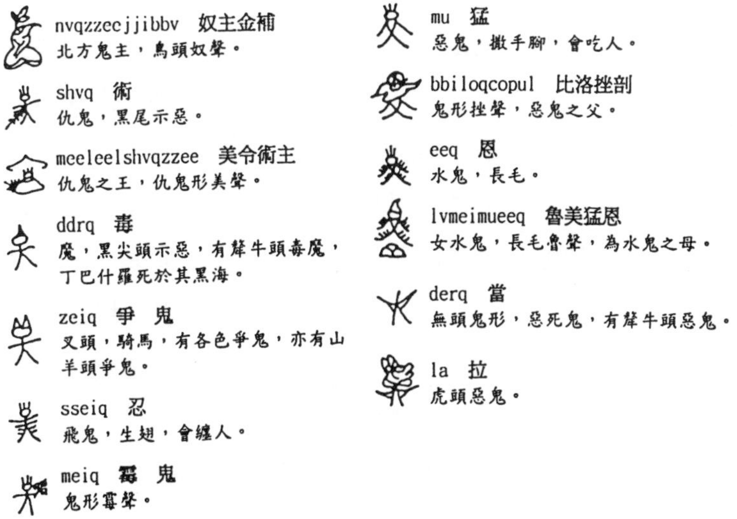

nvqzzecjjibbv　奴主金補
北方鬼主，鳥頭奴髽。

shvq　術
仇鬼，黑尾示惡。

meeleelshvqzzee　美令術主
仇鬼之王，仇鬼形美髽。

ddrq　毒
魔，黑尖頭示惡，有犛牛頭毒魔，丁巴什羅死於其黑海。

zeiq　爭鬼
叉頭，騎馬，有各色爭鬼，亦有山羊頭爭鬼。

sseiq　忍
飛鬼，生翅，會纏人。

meiq　霉鬼
鬼形霉髽。

mu　猛
惡鬼，撒手腳，會吃人。

bbiloqcopul　比洛挫剖
鬼形挫髽，惡鬼之父。

eeq　恩
水鬼，長毛。

lvmeimueeq　魯美猛恩
女水鬼，長毛魯髽，為水鬼之母。

derq　當
無頭鬼形，惡死鬼，有犛牛頭惡鬼。

la　拉
虎頭惡鬼。

圖一　納西族的部分「鬼」

括蟲、蛇、鳥、獸）的畏懼而來，它們最初是以動物為原形
的精怪。至於人的靈魂，只有部分地被列入鬼的世界。

以上引了三個兄弟民族的資料，說明在原始時代，人們
所說的「鬼」或相當於鬼的概念，其最初的內涵是各種精怪。
假如我們相信各民族的觀念發展有著共同的規律，其發展軌
跡大致相近，那麼，我們便應當承認太炎先生的觀點是站得
住腳的。周人的典籍對鬼神做了比較明確的邏輯界定，將無
所憑依的亡魂稱之為鬼，離開原始時代已經很遠很遠，所以
據之不易弄清太炎先生說的情形。但是在漢族的典籍中，鬼
的內涵原為精怪的演變歷程，也還是有少數蛛絲馬跡可尋。

以精怪的形象來設想人鬼，在《山海經》中尚可以找到
個別實例，〈海內西經〉提到有一位被上帝懲罰殺死的貳負，
當是人鬼一類。但〈海內北經〉又說：「貳負神在其（鬼國）
東，其為物，人面蛇身。」古人常神鬼不分，其神人面蛇身，
則猶帶精怪之形，這是以精怪設想人鬼。

又春秋時，猶有將厲鬼設想成猛獸之形。桓公十八年，
齊侯先使公子彭生殺魯侯，又殺彭生以謝魯。莊公八年，冬
十二月，齊侯在打獵時，見到一頭大豬，從者說：「那是公子
彭生呀！」❻杜預《集解》說，公見大豬而從者見彭生，「皆
妖鬼」。這是人死而為厲，而當時人們以豕當厲鬼的一例，它
們的形成，蓋都是古來沿襲的以獸怪為鬼的思維習慣。明白
這一點是很重要的，後世人們想像鬼的形象，尤其是橫死之

---

❻　參看《左傳·莊公八年》。

鬼（厲鬼），往往是青面獠牙，便是從這一久遠的原形中定格的。

現在要問，為什麼人們會用精怪的形象來想像人鬼？人鬼何以長久地混在自然崇拜之中沒能獨立出來呢？

我們認為，這與圖騰有關。

圖騰 (totem) 原出印第安語，義為「他的親屬」。印第安人將某種動物視為自己的祖先加以崇拜，這就稱為圖騰。以後的研究證明，圖騰崇拜曾經遍及各民族的原始時代，而崇拜既有動物，也有植物，甚而有無生物。大量的文獻和調查證明，圖騰制度在中國各民族中普遍存在，不少民族中現在有孑遺。比如華夏族中黃帝部落是龍圖騰，商人自稱「玄鳥生商」，以燕為圖騰，少數民族中彝族以虎為圖騰，羌族以羊為圖騰，瑤、畬等民族以犬為圖騰，藏族的神話傳說中則表現出他們曾以猴為圖騰等等。

圖騰崇拜，發生在人們不知道生殖的奧秘的母系氏族時代，人們只知其母不知其父，便到其他生物或無生物中尋找祖宗。這兒不詳盡討論圖騰的起源，只是指出這麼一個事實：在圖騰崇拜中，祖先的形象，是以動、植物或自然物的面貌出現，或者從半人半獸的形象出現的。這是長期以來以動物形象想像人鬼的重要原因。圖騰與一般的精靈，在地位上、人們的感情上，是有區別的。但是就它將自然物設想成有靈性的，並且可以參與到人的生活中這一點來看，它們又是一致的。

　　儘管最初的鬼，主要不是指人死後生活在另一個世界中的靈魂，不過在以後的發展中，則漸漸變成了人鬼的專名。這一點,可能官方的禮典規定要明確一些,而民間在使用「鬼」這一概念時，其內涵常常混雜了各種害人的精怪和人鬼。即使到了漢以後，民間的巫師和道士擁有的《百鬼錄》，所記的也有大量的精怪在內。這且不管它，單說對人鬼的祭祀，開始時主要是自己的祖先，其歷史的起點也十分久遠。古代文獻上提到的炎帝、黃帝都可以推溯到距現在約五千年以前。除了歷史文獻上的記載以外，在遼寧省牛河梁紅山文化「女神廟」出土的女神頭塑像，則給我們提供了實物的證據。1983年，在該地出土了一座古代的廟址遺跡，其中有泥塑女像。年代大約在距今五千年至五千五百年。據專家推測，「女神頭像形象逼真，儀態莊靜，女神廟又與積石冢緊密聯繫，因此女神可以推測為是該群體的實有祖先塑像，屬於祖先崇拜。」❼至於各有四百年至八百年統治歷史的夏商周三代，人鬼主要是祖先在祭禮中的位置就更重要了。夏代的情況，文獻較少，但從《史記·夏本紀》中對夏代王的姓名世系的記載來看，夏人一定對自己先王立有專祠進行祭祀。到了商代，對先王的祭祀就更經常了。周代的制度，對王、諸侯、大夫和庶人所享受的祭祀標準有嚴格的規定。《禮記·祭法》說，天下有了王之後，分封土地，建立國家確定國都建造城邑，

---

❼ 《中國各民族原始宗教資料集成·考古卷》,中國社會科學出版社,1996年，第 157 頁。

於是設立廟和壇、墠，不過根據親疏其所立的數量有多少之別。王可以為其祖先立七座廟，加上一壇、一墠，分別稱為考廟、王考廟、皇考廟、顯考廟、祖考廟。每月祭一次。更遠（七代以前）的王稱做「祧」，祧有二座，去掉祧的資格，可以有壇，立壇的資格去掉後，還可以有墠。等到連墠也取消了，那麼這一先王便成為「鬼」。諸侯立五廟，一壇，一墠；大夫立三廟，二壇。其他的士、官師也有相應的廟。廟、壇、墠都被取消，相應的靈魂也便成了鬼。至於庶人，本來沒有立廟的資格，死後便是鬼。❽大致說來，凡是有資格享受立廟或壇、墠的資格的，其神主都能在其中受祭，這些待遇都取消了，只有做一般的「鬼」了。而有上面提到的專利的只是人口中的極少數，所以，在中國人的祭祀系統中，真正的大部隊，是鬼。

除了自己的祖先外，還有一些賢人、功臣、烈士等，因為其特殊的貢獻，也受到朝廷或社會上一般人士的普遍崇拜。《禮記·祭法》說，聖王制定祭祀（的原則），凡以其方法教導民眾的，便祭祀他；因勤勞辦事而死的，便祭祀他；以自己的功勞安定國家的，便祭祀他；能抵禦大災的，便祭祀他；能排除大患的，便祭祀他。因此像厲山氏（即神農氏）教人種百穀，後來周的祖先棄又繼承其業，所以被奉為「稷」加以祭祀，舜勤於國事而死於蒼梧之野，大禹能治水，周武王以武功解除民眾的災難等等，都受到後世的祭祀。這種對祭

❽ 詳情請參看《禮記·祭法》，這裡只撮述其大意。

祀對象確立的原則，一直影響到後世，以至於今天。

（三）天神與地祇的龐大隊伍

　　神的觀念，通常要比鬼產生得晚一點，我國的少數民族中，就有一些只信鬼而尚未形成神的觀念，蓋神為神秘世界等級最高者。神的觀念，經過許多個階級，最初的神，宗教學上稱為物神，乃是對某種具體的自然物行膜拜祭祀，所謂物神，即我們說的精怪、物魅。不過一般說來，進入文明時代後，古人逐步將作祟的精靈稱為魅，以後沿襲演變，形成妖魅的概念，而將與自己親近的如圖騰等以及佑護自己的奉為神，各氏族、部落往往都有自己的保護神，直至國家產生，才有國家的神祇，它們往往被列入祀典。然而，在文明時代的初期夏朝，猶是神魅不分，或曰以神稱魅。據說，夏朝時曾鑄有九個大鼎，上面鑴刻著各方國的「百物」，目的是要讓人們瞭解各地的「神姦（鬼神怪異之物）」，而其神，仍包括魑魅魍魎之類。❾物神演化而來的神，其形象往往沒有脫離其物之象。在神的觀念史上，由於氏族、部落的融合，以及人們對自己理解程度的高低，由低及高，不少神經歷了多重動、植物形象的複合，以及由自然物的形象向人的形象過渡的過程，這樣便產生了各種的動、植物和人的形象併合的神。

---

❾　參看《左傳・宣公三年》王孫滿語：「昔夏之方有德也，遠方圖物，貢金九牧，鑄鼎象物，百物而為之備，使民知神姦。故民入川澤山林，不逢不若。螭魅罔兩，莫能逢之。用能協于上下，以承天休。」

因此，古代的不少神，也被設想成精怪的形象。這其中，有些是圖騰崇拜的折射造成的，也有的是從精怪直接轉化而來的。而據我們前面的分析，圖騰是人們認做祖先的動植樹物及其他自然物，具有靈性，從形象上看，它們與精怪可以說是親兄弟。按周人習慣，天上的神靈稱天神，地上的神靈稱地示，示即祇。故後世常神祇連稱，通指各類神靈。

在浙江等地的良渚文化中出土有玉琮，據說是祭地的禮器，一般是外方內圓。外壁上常飾有動物（多為獸，亦有鳥）紋。良渚文化約當新石器時代，距今約五千年至六千年，此類玉琮上多有獸面紋。江蘇常州寺墩兩個良渚文化墓葬中出土的三十三件玉琮，三十二件表面有獸面紋，以凸棱構成嘴、眼和鼻子；上海青浦福泉山良渚文化中五件玉琮也有獸面紋，其中三件並在四角刻有飛鳥。獸面紋是什麼？徵之我們對九鼎內容的分析，可以肯定，它是「物」的一種。其形必為當時人所奉之「神」。那麼它是什麼神呢？聯繫到琮的用途，為禮地之器，極有可能乃是地神形象。福泉山玉琮中有兩件在獸面紋所在平面的四角刻有四隻飛鳥，形象地表現了鳥在大地上空飛翔的情景，而此鳥亦非凡鳥，而是某種可致「地天通」的神物。以動物精怪形象做無生命的地神，係原始時代思維比較質樸的表現。蓋「神」或精怪，都是可以活動的。而在原始人的頭腦中設想，「活動」須得憑某種直觀的形象，這種形象，現成的便是動物之形。故無生命之物及植物之魅、精或神，都概以動物形象出現。這一點幾乎是世界的通例，

西方人類學、神話學揭示甚多。如英國人弗雷澤《金枝》中記歐洲人的「穀精」皆以各種走獸及飛鳥充之，中國古代的樹神，也具動物形象，秦人所祀的「大特」，即化為牛身的梓樹神。直到晉代和南北朝，《抱朴子》、《玄中記》諸書尚有千歲樹為青羊、萬歲梓樹為青牛一類記述。這些觀念的源頭都要深入到原始時代。玉琮以獸面像地神正是其表現之一。當然，古人的精魅形象，可以是多重物象疊加、拼合的，也可以稍加凝煉抽象，如此玉琮上的獸形有「面」無身，植物神以動物當之，也不妨在動物形象上加上某些植物的標誌。

從玉琮到九鼎，再到商周時代的青銅器，經常有動物紋飾，其初義乃是以物魅或精怪奉為神靈，或曰以精魅之形設想神祇。這點且不來多說。單說關於最高神天或帝的觀念。它們在中國古代最早是什麼時候出現的，不易考證，大致可以推斷，原始社會的晚期至上神的觀念已經出現，到了文明時代則得到了強化。現在知道從文獻上看，從夏代起，中國人已經有了人格神的天的概念。古書中提到，「夏后氏禘黃帝而郊鯀」，——禘是祭天禮，是說夏代時祭天禮中的對象是黃帝，而他們的祖先鯀則受到郊祭的大禮。戰國末年的屈原在〈天問〉中提到「啟棘賓商，〈九辯〉、〈九歌〉」，宋代的大學問家朱熹（1130-1200）認為棘是夢字之誤，商是天字之誤，因為在篆文中它們字形相近，這句的意思是說啟（禹的兒子）夢見自己上天，得到了上帝的樂章〈九辯〉和〈九歌〉攜回來。❿如果此說確切，那麼，夏代的人們相信可以用各種方

法（這兒是通過夢境）與上帝打交道。到了商朝，上帝的作用就更顯突出了。有學者認為，最初的「帝」字，像花蒂，暗示著他是人類種子的根蒂，所以上帝既是最高的神，又是始祖神。從甲骨文看，當時的人們每有大事，如築城邑、用兵打仗、有災害發生後的應對措施等，都認為需通過占卜來探索上帝的旨意。在商周時代，又都相信地上的統治權來自於上天，稱為「天命」，而地上的最高統治者稱為「天子」。而世界上的各類天象、氣候都有天神管理，王室或諸侯國的各類巫師，都掌管著對不同的天神進行祭祀或從事有關的巫術的職責。

由最高的天神——帝統領，加上地祇，即地上的神，成員已經非常之多，大凡天上的日月星辰，發生在大地上方的風雨雷電，地上的山嶽河流，都有專神管理，構成浩浩蕩蕩的隊伍。加上人鬼和各種各樣的物魅，古代的神鬼世界雜而多端，數量龐大。

（四）古代崇拜體系在秦漢時代的延續

上面提及的這幾類崇拜對象以及與它們相感通的各類巫術都一直保留到了秦漢時代，有的還留存到更晚的時代。而且從它們的基礎上形成了制度化宗教道教，其散落在社會上的部分則又構成了民間信仰的很大一個部分。我們說，古代的崇拜體系是道教和民間信仰最深遠的淵源，而秦漢時從朝

---

❿　朱熹：《楚辭集注》卷第三。

廷到民間保留著的各類崇拜和信仰，則是道教的直接基礎，也是後來民間信仰演化的起點。

秦漢時期皇室都有祀典，規定了皇帝祭祀天神地祇的某些特權。秦代原有四方天帝的專祠，後來漢高祖劉邦又加上北帝，成為五方帝的系統。秦始皇和漢武帝都有登泰山封禪的做法，雖然主要為了通仙，但同時也是對皇家祭祀特權的炫耀。

同時，秦漢時代也保留了對物魅即精怪的信仰，自然崇拜在社會上非常盛行。僅以官方認可的情形說，便有一些顯著的例子。傳說，秦文公時獲有一塊奇石，便設立專祠祭祀，稱做陳寶——陳倉地方得到的寶物。其神來時光輝如流星，停在祠上，則像雄雞，山上的野雞（又稱雉，因劉邦皇后名呂雉，所以司馬遷《史記》中改稱野雞）都跟著叫，其實其神原形就是雉，雌者稱寶夫人，雄者稱葉君。秦又祭「大特」，其形為牛，實為樹神。古人相信樹老能變神，也就是平常說的樹精，其形或為羊，或為牛。陳寶和大特都在秦始皇統一中國後保留了下來。漢初的張良，原是韓國的公子，年輕時在下邳一座橋上遇見一位老父傳給謀略，後來輔助劉邦得了天下。而那位老父，原來是一塊黃石，看來這位黃石公是典型的精怪。司馬遷認真地將這件事寫在《史記·留侯世家》裡，而且評論說：「學者多言無鬼神，然言有物。」意思是學者們中有許多人不相信有鬼神，但是相信有物魅也就是精怪。看來對物魅的信仰一直保留在漢人的記憶裡。如後面要談到

的那樣，也一直保留在迄今為止的民間信仰中。

對祖先的崇拜盛行於官私，就更不用說了。

同時，秦漢時從朝廷到民間，普遍信仰巫術。官方信巫的情況，在《史記》的〈封禪書〉中有明確的記載，尤其他提到漢武帝時南方的巫師大行其道。在西漢大儒董仲舒的《春秋繁露》中，我們還可以看到他認真記下的求雨儀式，那是活靈活現的巫師作法。民間則有對各類靈物的信仰和巫術。僅從近數十年出土的文物看，秦漢時人普遍信術數、信巫醫。比如 1975 年在湖北省雲夢縣睡虎地、1986 年在甘肅天水北道區黨川鄉放馬灘都出土了秦代的竹簡《日書》。《日書》類似於我們今天看到的黃曆，主要記載按日期選擇做事的吉日良時，避免凶時。其中也有當時人們信仰的各類精靈鬼怪的名號，以及相應的制伏、禳解的方法。《日書》是人們經常要查閱參考的，從它們的出土，可以清楚地看到秦時人們的信仰狀態。1973 年，在湖南長沙的馬王堆，出土了大量珍貴的西漢帛書，其中《五十二病方》、《雜禁方》，都生動地記述了當時人們信巫醫、信巫術的習俗。比如《五十二病方》中記載的治疣（該書寫作「尤」）的方法中，有用舊掃帚掃疣的巫術，邊掃邊念咒：「今日月晦，騷（掃）尤（疣）北。」掃兩個七次（按：七和三、五、六、九等數字在中國人中具有特定的神秘涵義，七為北斗星數，用這一數字具有某種想像的厭勝即鎮服對象的功能），然後將舊掃帚扔進井中，也有用土塊磨疣等其他的方法，磨時要念咒；另又用禹步加念咒治療

禿髮等症的。其中最有趣的是對付漆的辦法，很可能是用巫術治化學中毒（生漆中毒）的例子。那法兒是先對之吐口水，叫三聲，然後念咒：「天帝下若，以漆弓矢，今若為民疵。塗若以豕矢。」——天帝讓你下到人間，是漆弓箭的，現在你卻害老百姓生頭瘡，我用豬糞來塗你！再用鞋底去擦幾下。這種做法，將咒語、模擬的打擊等巫術方法都用上了，是典型的中國式的模擬巫術，直到現在仍可以在民間巫師中見到，也可以一種更具規範、更加程式化的方式在道教的法術中見到。

秦漢時期，有些巫術著作以黃帝的名義在流傳。東漢時的應劭（活動於東漢末，生卒不詳）《風俗通義》談到除夕畫桃人、垂葦茭（後世桃符和門神的前身）的習俗時，便引《黃帝書》，說那書上載，上古時有神荼、鬱壘兄弟二人善於捉鬼，常在度朔山的大桃樹下查閱百鬼，無理害人的，用葦索縛了去餵虎。以後便仿效之，在門上以桃梗（即桃人）抵禦凶氣。《黃帝書》的原貌已不得而知，但是它應當是與《山海經》差不多的巫師手冊，大概是可以推知的。黃帝在漢代威望極高，用他的名義寫下這類書，對於提高巫術的社會威望，無疑影響極大。

秦漢時從朝廷到民間的鬼神崇拜和巫術、方術，內容相當豐富，上面說的僅是其中一部分，從這一部分，也可想見當時社會上和民眾頭腦中，充滿著對鬼神和其他神秘事物的觀念，與這些神秘事物打交道的專門本事——巫術，則滲透

在民眾生活的諸多層面。這些都直接地影響道教與後世的民間信仰。

二、從巫文化中飛升的制度化宗教 ── 道教

　　道教是中國土生土長的制度化宗教。它的形成時間，說法不全一致，我們認為它大致上形成於東漢後期，但是經過長期的醞釀。如果要討論它的源頭，那麼可以說，它與中國固有的信仰體系，特別是與秦漢時的信仰體系，有密切關係。

　　道教是起於民間的，開始的時候，它在民間的巫風俗中潛滋暗長，在東漢社會矛盾和意識形態的變遷中，突然浮上了社會的表面，宣告了自己作為一種獨立的政治和文化力量誕生於世。因此，它是從巫俗中得道飛升的。

　　誠然，道教的淵源是多元的，黃老思想、方仙術等等都有它的淵源。但這些思想成分和方術，只有在東漢的巫風基礎上，才廣泛影響於民間，將大群民眾組織起來。同時，道教初起時，在組織上也是多元的。它不像佛教、伊斯蘭教那樣由一個聖人出來創教，而是在一大片地域上差不多同時湧出了各種「道」：黃老道、太平道、正一盟威道……，另有相當多的方士散處於民間，如費長房、左慈、華佗等，後來也將他們看成道士、仙人，歸進道教。從戰國時起便為帝王進長生不老方的燕齊方士的嫡傳中，一部分人在西漢時就轉為自己合藥、煉藥，在漢武帝和其他貴族的支持下，在社會上

擴大了影響。東漢時一部分隱遁的士人在煉丹術上苦苦摸索，後來演變為丹鼎派。但這一派在東漢社會上影響尚不大，歷魏、晉，才蔚為大宗。我們討論初起時的道教，著重分析東漢的民間道教，而對它們的研究，又不得不回到民間的巫風上來。

東漢的民間道教，統治者常誣之為妖賊。《三國志‧張魯傳》注引《典略》說，在靈帝之世，社會上出現了三股較大的民間道教勢力，在他們眼中便是「妖賊大起」，其中包括駱曜教民緬匿法，張角為太平道，張修為五斗米道。所謂妖，乃是巫術中的左道，「妖賊」實指他們的巫覡氣息。而三張的正一盟威道俗稱五斗米道，在仇視他們的人中更直接被稱為米巫。撇開統治者的用語的感情色彩不談，初起的民間道教巫覡氣息很濃，當是事實。

首先，如果我們考察一下道教初起流傳時的地域燕、齊、楚（包括吳、越）民俗，其鮮明的特點，就是有濃厚的巫風，有久遠的鬼神崇拜的傳統。也就是說，那些地方，都是保留上面談到的古代的鬼神崇拜比較多的地區。恰恰這一點，使燕、齊成為滋生方仙道的最初溫床，使楚（包括吳、越）、蜀成為最初的道派紮根的深土。

最初的方士都出於燕、齊，前人素有定論，燕齊文化與方士的關係，屬道教的前史；這兒僅討論楚、蜀、吳、越的民俗與道教形成的關係。

楚文化中巫風占有很大比重，班固的《漢書‧地理志》

中斷言「楚人信巫，重淫祀」。信巫，是說信仰巫術，女巫和
男覡在社會和文化生活中地位甚為重要；重淫祀，是指他們
祭祀的神靈極為駁雜多樣。這當然是從遠古的時候就形成的，
而一直保留到了戰國乃至於秦漢以後。就看成書於戰國時的
《楚辭》，就有很顯明的表現。〈九歌〉是娛神歌詞。從王逸
開始，歷代注家都贊成這一種說法：楚國南部沅水和湘江之
間，「其俗信鬼而好祀」，而每當祭祀，都「必使巫覡作樂歌
舞以娛神」，〈九歌〉則是屈原在此基礎上改編的新辭。❶至
於〈招魂〉、〈大招〉裡有什麼寄託且不管它，從它的形式來
看簡直是活靈活現的巫師作法招魂的秘錄。延及漢代，楚文
化巫風特別熾盛的色彩仍保持著，而且直接影響到道教。《史
記·封禪書》說：亳人謬忌奏詞太一方，曰：「天神貴者太一」。
這個太一源自楚國，〈九歌〉第一首就是〈東皇太一〉。太一，
在方士以至道教中，是一個晃赫的神仙。《周易參同契》說，
修煉成功，「太乙乃召」。這是楚的巫風影響道教的一例。《西
京雜記》卷三記述劉邦愛妃戚夫人宮內有許多巫術活動，十
月十五，共入靈女廟，吹笛擊筑，歌〈上靈〉之曲，既而相
與連臂踏地為節，歌〈赤鳳凰來〉；七月七日，臨百子池，作
于闐樂（于闐國的音樂），樂畢，以五色縷相羈，稱為「相連
愛」；八月四日，出雕房北戶，竹下圍棋，認為勝者終年有福，
負者終年疾病，取絲縷，就北辰星求長命乃免；九月九日，
佩茱萸，食蓬餌，飲菊華酒，以為可令人長壽；正月上辰，

---

❶　王逸：《楚辭章句·九歌章句》。

出池邊盥濯，食蓬餌，以祓妖邪；三月上巳，張樂於流水。
——終年都有此類活動。戚夫人，楚人，與呂后爭寵失敗後，
劉邦為之「楚歌」，她的生活習性顯然沿自娘家楚地。上述活
動，都有些巫術的氣息，而且幾乎一年四季此類活動不停。
可見漢時楚地巫風不減，仍然滲透在人們的日常生活中。尤
其是，圍棋負者為去掉晦氣，「就北辰星求長命乃免」。在道
教中北斗特別受重視。因為北斗注死，求長生要向北斗祈禱
削去死籍。只是戚夫人所行的是楚地民俗，沒系統的理論，
而道教則加上神學的論證將之系統化、程式化。

　　吳、越戰國後皆入楚，文化上受楚的影響是必然的。而
實際上，越地的巫風原來就絕不減於楚，或者更勝於楚。因為
越的開化，比楚更晚一些，從而保持原始的巫風更濃厚一些。

　　應劭《風俗通義》卷九說：「武帝時，迷于鬼神，尤信越
巫。」從《史記》的〈封禪書〉中看，確實如此。到了東漢，
越巫的影響不減，據《後漢書·方術列傳》載，會稽一帶有
幾位出名的方士，如東陽趙炳「能為越方」。所以，越地的巫
術，同樣為道教的形成提供了營養。東漢末，于吉到吳會，
「立精舍，讀道書，製作符水以治病，吳會人多事之」，乃至
孫策集合諸將賓客時，適于吉經過，諸將賓客三分之二下樓
迎拜之，掌賓者禁呵不能止。應當是吳、越地區巫風做了基
礎的。而且與太平道差不多同時或稍後，在吳、越之地，已
有葛玄等人在修道。葛玄一派以自己修仙求長生為主，但也
精於符，看來與當地的巫文化傳統也無不聯繫。

　　張道陵的正一盟威道，創立於蜀。蜀的巫風，比楚更濃。《華陽國志·蜀志》載：「有蜀侯蠶叢，其目縱。」近年四川廣漢三星堆出土有叢目金面具、手杖、金樹（或解作扶桑樹），可能是當時宗教領袖作法所用，足見叢目人的傳說應出於該地古代巫術。由於蜀地閉塞，這種巫風俗一直保留下來。《後漢書·西南夷傳》說，西南少數民族人民「俗好巫鬼禁忌」。這應當就是三張的「鬼道」「巴、漢夷民便之」的基礎了。關於這一點，《晉書·李特傳》說得更明確：漢末，張魯占領漢中，當地百姓「敬信巫覡」，所以「多往奉之」，就是說民眾信巫覡是正一盟威道在漢中立足的根基。尤其值得注意的是，張道陵創教時特重三官崇拜，史稱其道徒有病謝過，作章三通，各呈天官、地官、水官，名三官手書。向達先生曾認為三官信仰由氐羌少數民族那兒吸收而來。⓬如果真的這樣，那麼道教的神仙譜系中是有著「俗好巫鬼禁忌」的西南夷的血統的。

　　其次，道教與民間巫風俗的關係，還深刻地表現在它的道術中。

　　道教的道術，魏晉以後發展成龐大的體系。但在初起時，比較簡單。從一些歷史文獻和考古材料推測，初期道教本直接來自巫術，以後才緣飾以黃老學說，並發展了自己的齋醮科儀，將施術的方法程式化、系統化。這一話題，說來太長，涉及到許多方面，本書的篇幅不多，無法全面討論，只舉幾

⓬　參看向達：〈南詔史論略〉，《歷史研究》，1954 年第 2 期。

個施法方法上的例子，稍加說明。

　　道教行法，有幾樣基本手段：藥、符和氣。三者之法也來自民間巫術。其中符、藥已見順帝時的解除瓶。先說藥。一說藥，人們常常想起神仙術的長生之藥。其實古人將病因常歸結於鬼神妖怪為祟，長生之藥也同時被視作有辟邪殺鬼神效的寶物。出土文物中曾見在鎮墓瓶上寫著「何以為信，神藥厭填，封以黃神越章之印」，藥與黃神越章並列，可見十分重要。有的則稱「要道中人和以五石之精，安冢墓，利子孫」。❸五石，為煉丹中常用的丹砂、雄黃、白礬、曾青、慈（磁）石，後來道教中也視作鎮邪之藥，比如朱砂常用書符，朱砂、雄黃又用於端午的辟毒，但究其源頭，民間巫師在解除一類活動中早已應用了。

　　符，是道教中最重要的役神驅鬼的手段，幾乎沒有一處離得開它。張道陵造作符書，張角以符水治病，看來在早期道教中它便已作為基本手段出現。對於符的來源，學術界看法不同，有人認為《太平經複文》是最早的符文，蒙文通先生又認為符圖取自西南少數民族文字，有人據發現蜀地古器物上的圖形文字，以證成其說。但我們觀察解除瓶上的圖與符，卻發現符是在中原文字的基礎上依照漢人的信仰造構而成的，它本是民間巫師的創造。試看，陝西戶縣曹氏朱書解除文、符圖（見圖二）。

---

❸　周李木：《居貞草堂漢晉石影》卷三十九。

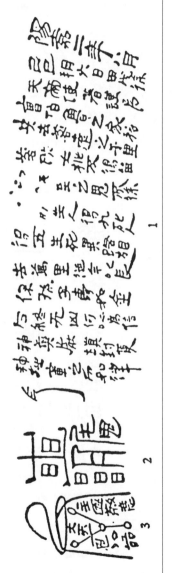

圖三　戶縣曹氏瓶朱書解除文畫符摹本
　　1. 解除文、2. 第一符、3. 第二符。

　　據中國歷史博物館王育成先生《東漢道符釋例》❶的解讀，認為第一符由時、日（三個）、月、鬼，諸字重疊而成，其義為：「萬物的生死是由時節制定的，不能違反，活人屬於日所代表的陽世，死人歸於月所代表的陰間，尾宿保佑曹家多子多福，鬼宿管理死人祠祀之事。」從這類符，我們可以肯定，《太平經複文》確是早期的符圖（圖三）。但因為構圖者是依照其宗教思維來構築它們的，我們在沒有弄懂其思維歷程以前，無法解讀其義。❶

圖三　《太平經複文》的符字

❶ 見《考古學報》，1991 年第 1 期。

❶ 對於符的起源和解讀，可參看拙稿〈道符溯源〉，《世界宗教研究》，1994 年第 1 期；〈道教的內秘世界〉，文津出版社，1997 年。

　　總而言之，從上面的情形看符是漢代民間巫師的創造，道教對此「自然而然」地移用過來的，因為道教本來是參與著民間的解除一類活動的。

　　除此之外，道教施術中常要踏罡步斗，它是從禹步發展來的。這一禹步，也是來自民間的巫術。一種傳說大禹治水，得了偏枯病，走起路來一拐一拐的，巫師們模仿他的姿勢，成為禹步；另一說法，大禹治水，河深的地方遇到大石，無法翻動，後來到南海之濱，見到有鳥走著一種奇特的步子，行「禁」術（一種認為可以控制外物變化的巫術）能使大石翻動，於是模仿其步，使之入（巫）術。以後運用者多，而且推演百端。❶一定說它出於禹，未必可取，但它是南方梵咒術中的步法，則是無疑的。另外，道教用咒，也是自古以來的巫術中常用的法門。

　　民間巫風滋生了道教，但道教畢竟是人為宗教，它出於巫風，卻與散漫無統沒有多少理論粉飾的巫術不同，是有組織有核心信仰也有若干理論作為指導的，從這個意義上說，道教又是巫風俗的昇華。

　　在道教的早期經典《太平經》中已有建立組織的初步構想。太平道將教徒組織起三十六方，可見是經張角兄弟等苦心經營的，但後來太平道遭了鎮壓，其組織情況不詳，而正一盟威道（因為入道者和請神職人員進行宗教服務之後都要交五斗米，故俗稱五斗米道）則割據漢中數十年，其整頓巫

❶　參看《洞神八帝元變經》。

俗，建立宗教組織的資料留下較多。據說張陵創道之初，就
「分人鬼，置二十四治」，意思是改變原來少數民族「人鬼不
分」，也就是人人參與祭祀和巫術活動的情形，使他們的信仰
集中於以「太上老君」為首的主要神靈，而且到專門的宗教
活動場所參與活動。以後正一盟威道形成系統的經濟、宗教、
政治措施，其基礎蓋始於「分人鬼」，即將民間的巫教提高為
組織嚴密的人為宗教。

　　民間的巫術，一般是沒有什麼理論的。而正一盟威道和
太平道都有自己的經典，前者以《老子》為經，造出《老子
想爾注》，對老子思想做了神學化的解釋，規定信徒們學習，
另外也有一些其他經典；後者主要依據《太平經》。巫術對所
召請的神靈往往隨意性很大，道教作為人為宗教，雖然繼承
了古代崇拜體系中多神信仰的特點，吸收了其中大部分神靈
──諸如天神、地祇、星君、山神、河神等，還包括精怪、
人鬼的觀念，但是所有這些，全被安置在以大道化身之下，
從而形成了以主神為統領的多神體系。早期道教就有自己的
主神，黃巾祀中黃太乙，想來張角一派以此為主要神靈。正
一盟威道的最高神為太上老君，又崇拜三官，稱有「千二百
官（神）」可供役使。在魏晉以後的演變中，道教又形成了以
三清（玉清元始天尊、上清靈寶天尊、太清太上老君）、玉皇
等為首的神仙體系。同時，早期道教也形成了比較規範的儀
式，表示向神懺悔的，有塗炭齋，向天神請兵捉拿邪鬼、消
除災禍，有各種上章的儀式。有嚴格的戒律，在制度上、倫

理上保證行法的純正，對神明、對信眾的誠信不欺。而不像
巫術，缺少明確的倫理規範，特別是在商品經濟發展之後，
民間的巫師和命相術士缺少戒律約束，經常發生利用它們騙
錢的行徑。

　　從根本上說，道教有一個明確的核心信仰，和為達到它
而設計的解脫途徑，那就是得道成仙的追求，以及相應的皈
依和修行的方法體系。而巫術，一般說來，並不直接與根本
性的宗教解脫掛鉤，而主要是企圖通過超自然的手段控制外
物的變化，達到解決現實中的各種困難、消除面臨的災禍的
目標。

　　總而言之，可以說巫風俗是道教的沃土，巫術是道教的
直接前身。從巫道、鬼道中脫胎而出的道教是巫文化的昇華。
從它與巫文化的關係，可以看出道教對秦漢以及更加古老的
信仰、崇拜體系吸收後又加以發展的關係。吸收了上古至秦
漢的崇拜體系的營養之後，道教的各個派別，都走向嚴格的
制度化的發展方向。明白了這一點，才能理解道教的來歷與
特徵，也只有明白了這一點，討論道教與民俗──包括我們
所要討論的民間信仰習俗的緊密聯繫，才能得到理解。

三、遺存和碎片堆積成的民間信仰

　　比起道教來，民間信仰的情況就大不一樣了。民間的信
仰，一般是無經典、無明確或系統的教義，也沒有比較固定

的儀式，表現出相當大的無序性。它信仰對象的構成，十分的雜亂：有從上古自然崇拜中繼承下來的各類物神乃至於妖精，有從歷代皇朝的祀典中掉落下來的某些聖賢的祭祀和相應的神主、祠廟，有從制度化宗教主要是佛教和道教中吸引來的菩薩和神仙。同時，老百姓也以自己的想像不斷地製造著新的神靈，其中不乏從小說、戲文中搬進神殿的。因此，民間信仰可以說是一個由多種遺存和碎片拼成的大雜燴。

　　民間信仰中的一個突出部分是古老的自然崇拜。按例說，中國離開原始時代已經非常久了，那一時代的遺存應當早在我們的記憶中淡出才對。然而，不僅從原始時代進入夏、商、周三代，原來的崇拜體系沒有經過根本的改造，就是到了東漢佛教傳入、道教形成，並在中國的宗教生活中占據主導的地位之後，也沒有能完全地將那些上古的遺留掃蕩乾淨，從老祖那兒傳承下來的各種原始崇拜的對象，還是坐在民間的神廟裡享受香火和血食，有的甚至還進入了佛寺道觀。對原始信仰主要是各類自然物的崇拜，是中國老百姓信仰體系中的突出現象。在中國民間，普遍相信萬物都會「成精」（或帶著敬畏的口氣說「成仙」、「成神」），山有山精，樹有樹神，就是平時看不出有任何靈性的石頭，也會變成神。浙江、江西等南方地區，都有對大樹的崇拜，常見的小孩出生之後，帶他或她到大樟樹下點炷香，拜幾拜，認它為「老娘」即寄娘，請她保佑小孩平安長大，正規點的為大樹之神建廟，在農村到處可見。僅以浙江金華為例，據黃子奇轉述曹松葉先

生 1929 年的調查，當時金華城區有神廟 89 座，其中樹神廟就有 21 座，占 24%。**❼**

　　樹神崇拜只是一個保留古老的原始的信仰的例子。其實民間對動物類或其精靈的崇拜遠勝過於對植物類神靈的崇拜。本來，在古代動物崇拜相對於植物神處於強勢地位。這不僅是從數量說是這樣，而且植物神也常常被設想成動物的形狀，比如我們前面提到過的秦人祭祀的「大特」，就是以動物形象出現的樹精。這是因為古人只能從動物的形狀中想像精靈們飄忽不定並且向人們索求的特徵，而植物總是固定於某一地塊上，而且一般說來，除了被風或其他東西拂動，也不會發出聲音。對動物類的精靈的崇拜沿襲了幾千年，但每一時代以及不同的地域信仰的主要動物有所不同。明清時期，南方盛五通(五種動物類精怪,但具體所指為何又人言人異)，北方信狐狸，又或信以它為中心的五種動物精怪：狐、蛇、刺蝟、黃鼠狼和田鼠，合稱為「五大仙」。也許是狐狸的故事講得多了，對狐仙的信仰在所有對精怪的信仰中取得絕對優勢，清人的筆記小說中常常「狐鬼」連稱，泛指那些遊蕩在人們周圍的精靈、鬼魅，南方的天師府中甚至也出現了狐仙堂，它們的足跡不限於北方了。

　　民間信仰的另一個重要來源是從歷朝祭典中掉落下的碎片。前面說到過，歷代皇朝都重視對於崇拜、祭祀對象的清

---

❼　黃子奇：〈金華樹神崇拜習俗考略〉，載《中國民間文化•稻作文化田野調查》，學林出版社，1994 年。

整和規定——這是皇帝的特權。所以每一個朝代都有祀典，規定哪些神靈是官方認可的，可以依照規定給他立廟，享受他那一級別的神靈應當享受的禮遇。皇朝的祀典，內容也很寬泛，其中有最高的神靈昊天上帝、地祇（大地之神）；有各類星象、天候、氣象的主管神，如北斗、二十八宿、日月，及風伯雨師等等；有海洋、山川嶽瀆之神，如四海神、五嶽神等；也有不少前朝或今朝的賢人、功臣、烈士，如關羽、張巡、岳飛等。本來這些祀典神，並不都是隨便是誰都可以祭祀，如天、地等最高級的神只有皇帝才有資格祭祀，北京市現在還有明清時期留存下來的天壇、地壇、日壇、月壇等，都是皇家祭祀特權的象徵。但是，由於皇朝更替等方面的原因，那些原有的規定部分地被破壞，不少神便「流落」到了民間。當然，對他們的神格，民間也會做出自己的解釋，祭祀的方式也與官方的規定不盡一致。像雷公電母、各路星君、五嶽四瀆神等等，在民間都得到敬奉。皇朝全部退出歷史舞臺，民間的神廟、神像，以及相應的觀念，卻保留如故。

　　民間信仰的另一個較為強勁的部分，是從佛、道教中吸收的佛、菩薩與神仙。比如觀世音、地藏王、濟公來自佛教，太上老君、玉皇大帝和八仙來自道教。不過，民間對他們的信仰，或者說對於他們的來歷、職能、地位的理解與原來所在的教派中並不一致。如觀世音本是西方極樂世界阿彌陀佛的兩個協侍（助手）之一（另一個是大勢至，在民間影響遠不及觀音），民間傳說中則將他說成是某一王國的公主妙善，

修行得道後證位菩薩或者稱「老佛」，所以民間供奉的多為女像，稱「觀音娘娘」。這一部分中有關道教的，後面還要說到，暫且擱過不提。

除了這些來自於原有的不同來源的神明之外，民間也在不斷地進行著造神運動。民眾對於曾有功於當地的各種人物，生前曾經任過類似巫師、仙姑之職有過「靈驗」的，都會在他或她死後，為之立廟，大一點的廟還會雕出神像，供人膜拜。閩、臺地區的開漳聖王、三山國王，以及生前曾顯靈異的林默娘（媽祖），都是顯著的例子。不僅真實存在過的人物，可以作造神的原型，而且，各種傳說、故事、周圍發生的異常事件、小說中的人物，都可以成為民間造神的素材。就說小說吧，小說塑造的人物形象本來是虛構的成分多，但一旦在民間流傳開來，那些受到老百姓崇敬的形象便很可能會成為他們膜拜的對象，給其立廟，裝塑金身。清梁紹壬（1792－?）記述的一些情況就非常典型。據他說，他的家鄉杭州的清波門外，有座時遷廟，小偷們多去祭他，涌金門外有張順廟，石屋嶺有楊雄、石秀廟。❸這幾位，都是小說《水滸傳》中的人物，在小說中他們被安排在征方臘的戰役裡死於上述地點。老百姓崇敬他們，於是為之立廟。至於時遷，小說中稱他為鼓上蚤，著名的小偷，不過從上了梁山後，倒是用偷技幫了山寨大忙的，小偷們認他為賊祖宗，可是偷技用在什麼地方，卻是難說。他又說，濟寧有宋江廟，造反為盜的人

❸　《兩般秋雨盦隨筆》卷一〈世俗誕妄〉。

會偷偷地去祭拜。宋江實有其人，不過他的名氣還是靠了《水滸》鬧大的。上面是小說人物做了民間信仰的對象的例子。這樣的例子還可以舉出一大串。唐代有人寫了一個柳毅傳書的故事，說他見到洞庭湖龍王的小女兒被丈夫迫害在湖邊牧羊，求他幫忙送信父王求救。這一小說家言影響擴大後，有幾處地方出現了龍女祠、柳水神廟（據說後來柳毅接替他岳父做了洞庭君），如江蘇蘇州城外有柳水神廟，而在太湖的西山——該處也稱小洞庭，便有龍女井、龍女祠。小說《西遊記》塑造一個家喻戶曉的齊天大聖孫悟空，嶺南、福建便出現了齊天大聖廟，如今在香港地區不僅有廟，還流傳一部孫悟空的「真經」，放在廟裡供人取閱。又據梁紹王和其他人的記錄提到，杭州孤山上曾經有宋代詩人林和靖的祠，林生前曾長期居住於此，他喜梅，蓄鶴，但未娶妻，當時人稱他有「梅妻鶴子」，於是有人便在他的祠中塑了個「梅影夫人」。這是人物故事被搬到信仰生活中的例子。有時，民間對一些歷史上的典故、某些紀念性祠廟的內容不甚了了，但會根據自己的理解做出行動。溫州有土地祠，坐在其中的是唐代大詩人杜甫，以其生前官職，人稱杜拾遺，另有一祠，祭春秋時的伍子胥。不知怎麼搞的，當地老百姓將他們一個訛稱為「杜十姨」，一個訛成「伍髭鬚相公」，而且看他們一個無夫，一個無妻，便將兩座像合在一廟，撮成一對夫妻。孔夫子後世被追尊為「文宣王」，某地的孔廟受風雨侵襲，文字不見，宣字只剩下一筆成了「一」字，老百姓不知是怎麼回事，便

稱之為「一字王佛」。北方有牛王廟，本來是民間崇拜的典型，廟中畫上百牛，再塑牛王坐在正中，稱其名為「冉伯牛」。伯牛原是孔夫子的一個學生，民間大約是將「伯」訛成「百」了，於是派他做了眾牛的首領。這是將某些典故、祭祀、歷史人物胡亂地拉來造出新的神靈的例子。

　　當然，這些造神活動，看起來雜亂無章，但其中也多少有一些基本的原則。其中一個原則是從古代的祭義中繼承下來的，就是對有功於當地民眾者的紀念和報謝，不過更重要的，卻是對神明「靈驗」的敬畏和信賴，而其後面又隱含著對生活平安和福祉的祈求。這些，後面還要談到。

　　民間信仰的這種多元、拼合因而顯得雜亂無章的特點，決定了它的崇拜對象形成不了一個等級嚴密、秩序井然的神靈系統，雖然有時候民間信仰中也會多少表現出一點兒對宇宙秩序的敬畏和認同，對神靈「大小」的追問，但卻是非常少見的。大多數情況下，各類信眾只信自己奉事的神靈的超凡力量，至於其力量來自何處，他或她與其他神靈在地位、等級上的差別，是不去管的。也就是說，在民間信仰中缺乏統一的至上神的觀念。由於大家各不認同對方的至上神，而只無限地拔高自己所信神靈的地位，事實上在民間形成了許多個至上神。

　　上面談的是信仰的對象，至於民間用於溝通人神的方式，一方面繼承、沿用了諸多的巫術手段，另一方面也採納一些當時所理解的敬上、敬官和一般的待客禮數，所以顯得隨意

性很大，不像道教這樣的制度化宗教有嚴格的祭獻儀式和法
術的行持規範。特別是大量的巫術，在民間流行，一部分仍
由巫師為信眾舉行某些禳解，另一部分流為各類術數，如算
命、看相、測字之類，成為一部分人用以謀生甚或騙取錢財
的工具，顯得十分的蕪雜。民間的信巫、信術數有時自己也
會做一些簡單的巫術，是相當普遍的現象。

　　總的說來，道教與民間信仰同出於中國文化，主要是古
代信仰崇拜體系，同時，雖然同出一源，但道教向制度化宗
教演化，民間信仰則保留著分散、自發與多元的特點，兩者
在形態上、內在性質上，又都有重要的差異。這種既同出一
源卻又形成不同特徵的情況，造成了兩者之間的種種糾葛、
種種衝撞、種種互補。這些，正是我們在以下幾章要討論的
內容。

第二章

道教對民間信仰的整合

民間信仰為道教提供了豐富的靈性文化資源，

道教有選擇地吸收其中的一部分，

即將分散的民間信仰，依照一定的規則，

將之匯合進一個有序的整體。

　　如前面說到過的那樣，道教和民間信仰都是從中國上古到漢代的崇拜體系以及相關的通神方法中繼承下來的，不過兩者走著不同的道路，道教沿著制度化宗教的方向發展，而民間信仰仍然散漫地、雜亂無序地流傳。雖然兩者在往後的傳播中，產生大的分野，但是，兩者的聯繫還是相當密切。一方面，道教不斷地從民間信仰中吸收營養，許多民間的神，陸續地進入道教的神仙隊伍，進入之後又得到改造和提升；另一方面，道教的神仙在民間又享有崇高的威望，成為老百姓信仰崇拜的主要神明群體。所以道教與民間信仰在崇拜對象上從來就沒有斷過雙向的交流。兩者的這類互動近二千年來在中國人的生活之中經常地、大量地發生。

　　這一章，我們先來討論前一個方面：道教對民間信仰的吸收。

　　從歷史和現實看，民間信仰雖然比起道教來，其形態既不確定，規範更不嚴格，似乎散漫無序，廣泛無邊，那通神、敬神的方法有時簡直是匪夷所思，但是，它卻長期成為道教發展的重要資源。為什麼這樣說呢？首先是在精神上，道教在民間信仰中得到了呼應。民間信仰比起道教來，範圍廣泛得多，信眾數量也大得多，對古代多神崇拜的特點顯現得更加淋漓盡致。民間對各類神的信仰簡直是兼容並蓄，逢廟燒香，見菩薩磕頭。這種包容性不僅容納了道教所創造的各位尊神、仙真和役使神吏，而且從根本說來，龐大的民間信仰人群，像大海一樣，涵育著道教（也包括佛教和其他制度化

宗教）的信徒。因為，信道一作為宗教性的有人格的道，其前提是信神、信鬼和一切超凡的神秘事物。道教的神仙可以在許多地方的民間信仰中居於核心層，而烘托它、滋養它的，卻是民間信仰的整個汪洋大海。二是在具體的對象上，道教將不少民間信仰的神都包括在神譜中。如果從古代道教教團成立之初算起，那麼查一下從那時以來的道教神仙譜系，其龐大的隊伍中，真正出於道教自己的創造固然占著最穩定的層面，但原出於民間信仰的亦不在少數，而且直到近現代，這種從民間信仰中吸收營養的過程仍在繼續。從這一意義上說，民間宗教是道教的重要資源，道教則是民間信仰對象被改造和提升的大熔爐。

一、道教對民間神祀整合的教義基礎

民間信仰為道教提供了豐富的靈性文化資源，但道教並不是對之照單全收，卻是有選擇地吸收其中的一部分，對其他部分，或置之不理，或加以批評，甚或進行貶抑、鬥爭。所以，道教對民間信仰這一資源的利用，是一個文化整合的過程，即將分散的民間信仰，依照一定的規則，將之匯合進一個有序的整體，而這一整體的框架，是早已準備好了的道教自身的仙譜。

廣泛吸取民間的神，是道教不斷壯大聲威的途徑之一，也是控制神權、吸引民眾信仰的一個重要手段。佛教在逐步

中國化的過程中，也是這樣。比如關羽，就被中國的僧徒立
為伽藍神。不過，雖然佛道二教同時爭這位民間傳說和崇祀
的「英雄」，但道教的力量更大一些。關羽在道教中有著特殊
的地位和意義。明萬曆年間，關羽被封為「三界伏魔大帝神
威遠震天尊關聖帝君」，萬曆二十二年，道士張通元請皇帝對
關羽進爵為帝。過了二十年，關羽就得了這個封號。在民間
祭祀中，還是道教所立的關公廟、關王廟（明以前）、關帝廟
（明以後），享受的待遇要優厚得多。以至萬曆四十二年後，
佛寺中關羽的伽藍地位讓給了尉遲恭，關帝不再替佛做奴僕
了。道教的社會影響不及佛教，但在對中國民間神祀的指導
方面則遠遠超過佛教。這也不奇怪。佛教作為外來的宗教，
儘管已經中國化，但佛菩薩畢竟是遠自西域的。五臺、峨嵋、
普陀、九華山成了四位菩薩的道場，但無法改變西天諸佛的
形象。道教則完全是中國土生土長的，它的神仙系統與民間
神及歷史上有影響的人物發生緊密的聯繫是自然而然的了。
即以關雲長而言，僅僅是持刀的護法伽藍未免太寒酸相。他
在道教中的「關帝」身分大致上直接從歷代皇帝的褒封而來，
似乎更為「名正言順」。第一個給關羽神封號的是道君皇帝宋
徽宗。之後共十五個皇帝為關羽加封授匾。當陽關陵廟中關
羽的神道碑上刻著「忠義神武靈佑仁勇威顯關聖大帝漢前將
軍漢壽亭侯」，關陵正門上書「威震華夏」四個大字，是清同
治帝寫的。有了歷代帝王的褒封，關羽坐穩了「武聖人」、「聖
帝」的位置。清代趙翼 (1727–1814) 說：（對關帝的崇拜）「今

且南極嶺表，北極塞垣，凡兒童婦女，未有不震其威靈者。香火之盛，將與天地同不朽。」❶最後一句斷言是否準確有待時間檢驗，他講的現象，大抵是實錄。關羽被稱為「帝君」，是沿用了道教神譜中既有的尊號，也符合中國古代對有功之士的褒揚封贈的習慣做法。總之它是在中國文化和社會習俗的大背景下發生的，從同一母體滋生的兩個信仰系統之間的相互滲透。所以民間神進入道教從文化心理說，不僅沒有什麼障礙，而且還有著天然的文化親和力。

　　有了這種天然的親和力，道教在歷史上不止一次地將原來在民間信仰圈中的神靈（有時甚至於是妖精）收羅進自己的神譜，或者經常性地將某些民間信仰對象擡入宮觀。這種做法的大量存在，說明它們不能僅僅歸於某些道士的好事，更不能解釋成無緣無故的亂來。相反地，這種經常發生的、相對穩固的做法，後面必有一定的觀念以及制度上的因素在支撐。就道教本身而言，就在於它的成仙理論中的兩個基本的觀念：一是道性論，一是位業義。

　　道教講的神仙，是修道而致飛升的。那麼道是什麼呢？

　　唐高宗有一次同上清派天師潘師正對答，唐高宗問：「道家階梯證果，竟在何處？」潘師正回答說：「夫道者，圓通之妙稱。聖者，玄覺之至名。一切有形，皆含道性。」那就是說，在道教徒的觀念中，道是至高無上、奇妙無比的，而聖人即是對道有了深刻（玄）的覺悟的人。但是，道又存在於一切

---

❶　《陔餘叢考》卷三十五。

事物之中，一切有形質的事物，都具有道性。潘師正說的「一切有形，皆含道性」，是回答唐高宗問題的前提，意思是一切有形的萬物，都包含著「道」的本性，都符合「道」的規律，因而都能夠得道。但是得道有多有少，悟道有淺有深。如果只是弄通俗世道理而不通仙家真諦，沒有得到真正的、普遍的「道」，就不是聖人。自己悟了道，又能使人悟道而得道的，這就叫做「圓通」。天下萬物都有道性的思想，早在《莊子》中就有了。〈知北遊〉裡記錄了莊周同東郭子的一段對話。東郭子問：「所謂道，惡乎在？」莊子回答說：「無所不在。」並說道「在螻蟻」，「在稊稗」，「在瓦甓」，在「屎溺（尿）」。意思是，道是無所不在的，下等的動物、植物乃至於磚石和屎尿之類都有道的存在。在魏晉南北朝至隋唐時期，這種物皆有道的思想繼續有所發展，《西升經》裡就有「道非獨在我，萬物皆有之」的經句。萬物皆有道性的思想有很大的意義，它使一切有形在三清眾神之前，一律平等，不論貧富、貴賤、聰愚，所有人都可以信仰道教，都可以學道得道。不僅如此，依照一切有形皆含道性的觀點，一切自然物都有靈性，含其靈而充之，得道成仙也不是不可能。因此，道教的神仙的來源可以是極其多樣的。不僅有先天的真人、聖人，如元始天尊就是最終極的神聖，而且有後天得道的仙人，如張天師、八仙等，還有生前有功死後成神的，如各級城隍神一般都由人鬼充當。不僅如此，即使原來出身不正的木石精靈、飛禽走獸之妖怪，都可以經過一定的手續、程式，進入仙或神的

隊伍，因為，從他們的原形看雖然與人不同，但也含有道性，只要「通悟」，終有成道的一天，只有自甘下賤，願意留在妖魅陣營中的，才永遠得不到超升。八仙中的張果，傳說就是從蝙蝠精而修成正果的，呂洞賓的徒弟據說原是柳樹精。明白了他們的道性學說，有那麼多原來出身於精怪的進入仙界，也就不奇怪了。「一切有形皆有道性」的思想，使各種民間的神靈，不管其「出身」如何，都有了進入神仙隊伍的可能。這是道教向民間信仰廣開方便之門的基礎。

　　民間神靈一旦進入道教，就要在其神仙譜中占有一席之地。這個「席」，頗有一些講究。因為道教的神仙，數量龐大，又品級繁多，某一從民間來的神靈，將被安置在哪一級哪一席，就不易確定。幸好，對於神仙的等級以及某一神或仙應處於什麼位置，道教已有一種有理論可操作的理念，叫做「位業」。

　　所謂位業，是道教神仙形成等級的核心概念，也是基本的評判標準。南朝齊梁時的高道陶宏景 (456–536) 撰寫了一部《真靈位業圖》，將整個神仙世界分成七個等級，每個等級都有中位的主神，也有眾多的仙官，按其來歷，正有不少是歷代祀典乃至於是民間信仰的神靈。整個真靈圖秩序井然，等級分明，拿他自己的話說，神仙們「雖同號真人，真品乃有數；俱目仙人，仙亦有等級」──號稱真人，真人的品秩有許多等，一樣看成仙人，仙還分為許多級。他是憑什麼將眾多的仙真和神靈組織起來且分清其等級的呢？通過位業這

一標準。所謂位業，位指在神仙世界中的位置，具體說來就是處於哪一等級，哪一官職。唐代有人解釋說：「位業者，登仙學道，階業不同；證果成真，高卑有別。」❷就是說「位」是指學道的階業不同，由此進入仙界後雖成真人，但地位卻有高低之別。道書中對仙品的分別有許多詳細的講究，這裡且不多說。只說這「業」也就是修行者的業績、功業，是成仙的因，而在仙界的位置、地位，則是果。有因必有果。這因，也就是業，具體說來還有種種内涵：除了對道經的理解、服食仙丹和各類秘術的掌握運用，還包括為社會和民眾做好事，自身要有高度的道德修養。這後半句的内容，對我們這裡討論的内容特別地重要。因為中國人素有功德成神的觀念，為民眾做了好事，如禦大患、捍大災，有功於民，便會被當成神，受到供奉。而道教對功業的理解中包容了世俗道德，也就與民間信仰的造神活動有一致之處。道書中對於建功立業和道德修養為成道之本的思想經常可以看到。《神仙傳》卷八講到有一人叫沈羲的吳郡人，學道於蜀中，但能消災治病，救濟百姓，不知服藥物，因為他功德感天，雖然本來命不長，年壽將盡時卻蒙仙官來接他上天。《續仙傳》說新羅（今朝鮮半島）人金可記，因為廣積陰功，也感動仙家，白日升天。另有一個故事說，唐代廣陵江陰（今江蘇省江陰市）地方，有一位名叫李珏的，以販米為業，有人來糴米，李珏便拿出升斗讓他自己量，不計較市價貴賤，每斗只賺兩文之利。因

---

❷　唐孟安排：《道教義樞・位業義第四》。

為他的做法與商人中經常看到的大斗進小斗出不同，也更高
於只限於用一套升斗僅僅不欺的境界，因此他自己雖然毫不
知情，洞府的石壁上卻已將他名字注上仙籍。他沒有什麼道
術，後來卻也尸解成仙。這種為民眾做好事因而成仙的故事
歷代仙傳裡都能找到不少，它們在民間顯然具有很大的示範
作用。從理論上概括這種積德成仙的思想，就是《呂祖全書》
卷九中說的：「欲學仙道長生，先修人道為務。」《呂祖全書》
號稱是呂洞賓的全集，實際卻是後人所編集，其中不見得都
是呂的著作，不過這些話可以看做長期來關於修仙與做人關
係的總結性表述。依中國傳統的倫理觀念，所謂人道，要點
便在忠、孝。借呂洞賓的口說，「古今無不忠孝之神仙，無不
忠孝之佛祖。仙佛必自忠孝中來，木有根，水有源，離忠離
孝，非佛非仙。」❸忠孝可以成仙，即使不能肉體飛升，至少
也可以死後成神。這些既是對道教徒自身的道德要求，同時
也為承認民間對某些功臣、賢人的祭祀合理合禮開了方便之
門。它與道性論相結合，遂成為接納民間部分神靈的理論基
礎。

　　既然世界上的一切都由道而派生，由道氣賦予其形質、
生命，而一切有形皆含道性，那麼從理論上說，一切民間祭
祀的神靈都有成為正統的神仙的依據，位業的思想也可以推
行到他們中間去。

　　就拿民間信奉的各類精靈來說，他們「出身」不正，而

---

❸　《呂祖全書》卷七。

且往往曾經興妖作怪,但依照一切有形皆有道性和位業思想,道教也對他們區別善惡功過,制定了一些升遷和處罰的條例:

> 諸禽獸、蛇龍、魚蟲,年久歲深,亦能變化人形,興妖作怪者,至大者立廟,無元姓之神,有立功修德福佑生民,人心歸向者,則城隍社令舉保,岳府進補,充一方本祭香火福神。至于功德重者,可為奏聞帝闕,或加敕封之號。有過者法官行糾察正令,許得便宜施行,重者奏裁。又可飛奏上帝,除其香火對移之屬。如常為害人者,宜差將攝其精祟,永禁黑獄,乃奏紫微天蓬,勾差猛將戩滅其形。曾傷人命者,處以重刑。❹

這麼一來,精怪只要積有功德,可以補為正神,甚至可以獲得玉皇大帝的敕封,至於其他本來是功臣賢人的祠祀,更不在話下了。當然有過者的處分也很重,最嚴重時,永遠被關進黑暗的地獄中,甚或滅形。

　　道教的道性論和位業觀念為吸收、整合民間信仰對象奠定了教義上的基礎,具體讓哪些神靈進入自己的仙譜,則有一番選擇。

　　歷史上,道教初起時就參與了「禁淫祀」的鬥爭,對於民間信仰中的某些邪神,更是採取討伐態度,道法中有一種「伐廟」科儀,就是專為對付被認為憑藉古廟廢壇作怪的鬼

❹　《道法會元》卷二百六十七〈泰玄酆都黑律義格〉。

神而設。因此，應當說，道教對於民間信仰採取批評和肯定雙重態度，批評什麼選擇什麼，則有自己的標準。

一是基於對鬼神的邪正區分。中國人重倫理道德，對於鬼神，也素來注意將之分為邪正兩路。在國家的祀典中，列入的，為正神，沒有列入的，稱淫祀──就是不應當祭祀而去祭祀，正宗的官方思想和儒家學說都認為「淫祀無福」，但民間卻偏偏有人為了求福求財而參與淫祀。一般說來，道教反對大多數淫祀。在民間，將能保佑地方風調雨順的，稱正神；為禍人間的為邪魅。道教一般尊正神而鎮邪魅。此類劃分，當然並不完全確定，因為正邪之分，尚涉及到神的「出身」，一時一地的人們在對某神祈禱時不同的「靈驗」等。不過經長期的流傳，社會上對某神的邪正之分，總有相對固定的看法。比如在中國古代鬼神信仰系統中，有老資格的精靈山魈，是老百姓心目中會帶來疾病和其他災難的邪魅，它們在道士眼中就只能是被鎮壓的對象，而不可能坐進宮觀享受香火。一般說來，神靈的「靈驗」與社會普遍的行為規範和價值觀念是一致的，或者能夠維護公認的正常秩序的，便被看成是正神，道教會注意吸收他們，而相反地，其「靈驗」與公認的價值標準、行為規範相衝突的，便被看成是邪神，不會將他擡進宮觀。這裡不妨舉一個例子。唐朝小說《定婚店》中塑造了一個月下老人，說是凡天下人的姻緣，都由他來定，有緣分的，一生出來就被他用紅線繫腳，確立了他（她）與她（他）遲早要結為夫妻。這一神，符合中國人婚姻前定

的觀念，而且也給父母之命、媒妁之言為憑的現實婚姻增添
了神性的光輝，所以後來月老被民間當成正神，道教也便認
可，在名山宮觀中，或設專祠，或設專殿。清代福建出現了
一位男同性戀者的佑護神靈，叫做胡天保。據說，當年胡天
保因為愛上了某巡撫，投充為佣人，天天在巡撫上廁所時去
偷看，結果被發現，活活遭打致死。這位癡心的同性戀者為
他那畸形的愛而賠上了性命，受到其他同性戀者的敬重，被
立為神。後來，不知怎麼，有人在其神像旁又塑一婦人，稱
胡天妹，開懷招郎，形象淫穢，便是宣揚、保佑野合的神。
對這兩位邪神，道教中絕沒有他們的地位。

　　二是基於該神靈在民間的影響程度。大凡一神在民間的
「名聲」是當地民眾在長期的精神和社會生活中形成的，其
間的原因頗為複雜。中國民間的祀廟，數量繁多，從尺五小
廟到巍峨宮殿，都是眾多神靈的華屋。但民間神、地方神初
起時也許局限於一時一地，後來因緣際會，才慢慢擴大影響，
有的並走出誕生地，跑向更大的區域，乃至於走向全國。比
如媽祖原來只是福建浦田沿海船民所祀，以後慢慢跑向全國，
神也由夫人、靈妃而天妃，清代更進為天后。道教所吸引的
民間神，大多是有較大影響的神靈。江南地區獨有的劉猛將
（捕蝗神）、施相公，都是在當地名聲響亮的神靈，其影響廣
被整個江南地區，上海、蘇州、無錫等地的道士也承認其為
正神，納入自己的神仙譜，而且對其「出身」，另外編了一些
說法，使其正大光明地進入宮觀。

　　三是基於朝廷的態度。古代朝廷重視對神權的控制和利用，哪些神能享受官方祭祀、享受什麼等級的待遇，皆著為祀典。祀典是朝廷的正式禮儀制度，也是神道設教的政治導向。道教對地方神、民間俗神的吸引，相當大程度上是依據於朝廷的祀典。如民間素有對五聖的崇拜。其神又稱五通，最先可能是山魈木客一類妖精，但在宋代獲得了封贈，每一神的封號中都有一「顯」字，道教便將之列為五顯靈官，又造出相應的經書和科儀。又如黃河神素稱河伯，但民間又有「金龍四大王」之說，其後清朝將之正式列入祀典，道門中也依其等級為之立廟和立傳。有的神的贈號，尚是道士向朝廷請命而得，如前面提到的關羽在明代升格為帝，就是一個例子。

　　根據這些也許是不成文的標準，再加上道教教義中本有的基礎，及為神靈升遷、獎懲所擬訂的條例，於是，地方神、民間神由低到高，個別神的出身由不明不白到光明正大，便有了一個可依之則。同時，依這些條例，民間俗神已經「奏明」三清、玉皇大帝等尊神正式授予他神界的封號、座次，其職司乃至於神格都有所變化。這又是道教對他們的改造。

二、道教對民間信仰整合的基本方式

　　有了上面說的教義基礎和幾個基本的原則，民間的神靈便源源不斷地進入了道教。如前面說過的那樣，道教對民間

神祇有一個選擇的標準，進入之後一般又依據自身的仙譜，將之有序地納入到仙譜中的某一等級中去。因此，這是一個整合的過程。從道教方面著眼，對民間信仰對象的整合主要有這樣幾種方式：排定座次型、編寫經書型、編制科儀型、召役型、接管型、受管型、請進宮觀型等等。

（一）排定座次型

道教有自己的仙譜。根據位業觀念，將各路神仙有序地排列在一起。如果民間信仰的神靈，能在其中獲得一席之地，那麼自然而然地，他或她也就成了神仙譜系中的一員。給民間信仰的神靈排定座次，是道教吸收他們入於仙譜的基本方式之一。

在南朝陶宏景的《真靈位業圖》中，就有不少民間的神靈赫然高坐於上。特別是在第七階，中位酆都大帝身邊有一大群鬼官，其中包括北帝上相秦始皇，太傅魏武帝（曹操）、北帝師周文王，還有周武王、齊桓公、漢高祖等一批帝王，以及孔文舉、徐庶、龐德、曹仁、曹洪等名臣、名將，合共一百十九人。此外在其他階級中也列入了一些歷史人物，如第三階左位有黃帝、顓頊、帝舜、夏禹等。這些歷史人物，有些地位高的進入當朝的祀典自然沒有問題，個別的在後朝也還受到祭祀，但改朝換代的結果，廟祀或存或不存，即使仍然存在，也已散落民間，成為民間崇拜的對象。這種將帝王將相列入位業圖的做法，不僅是將已有的進入過祭典又或

散落入民間的人鬼收入大道麾下，更重要的是，開了一條途徑，以後的各類祭典人物、鬼神，民間的各類賢人烈士之祠，都有進入仙譜的可能性。所以天台山道士王松年（生卒年不詳，大約為唐五代時人）編了一部《仙苑編珠》，在序言中乾脆稱：自開天闢地以來，都是聖帝明王作神仙宗，為造化主。

　　由於道教的整體神仙譜系自唐以後就極少得到整理，各道派注意的常是本派的傳承世系，而且歷代所出神仙越來越多，從民間進入道教的也代有所增，要想做整理也有一定困難，所以這種將全部神仙排座次的方式，實在是曠失已久。不過，在道教大型的醮祭儀式中，常常要將大量的神仙群體放在一起，列出位次。有些民間的神，也被列入，自然也就意味著他們成了道門正神。這與《真靈位業圖》的作用也差不多。只是科儀書籍一般只在道門內部流傳，影響不及仙傳、仙譜的專書來得廣。比如南宋時編定的《道門定制》一書，其卷三列羅天大醮一千二百分聖位（一千二百個神明的牌位），第九十四狀「社稷眾神」：

太社神	太稷神	土翁神	土母神
谷父神	蠶母神	播種五穀神	樹木花果神
春勾芒神	夏祝融神	秋蓐收神	冬玄冥神

其中太社、太稷即古代稱為「社稷」的土地和農業生產祖師神。春夏秋冬四神是上古傳下的神，土翁、土母便是民間俗

稱的土地公公和土地婆婆，至於谷父、蠶母、播種五穀和樹
木花果神，也都是民間對有關神司的稱呼，現在都進入了正
式的儀式，排定了座次。同樣地，用這種辦法也將原來屬於
朝廷祭典、一部分又散落到民間的神靈也列了進來。比如其
中八十三狀列「扶桑大帝眾聖」，除了扶桑大帝早已在葛洪的
《枕中書》中出現，其餘的四海龍王和各江河水帝，大抵也
是沿襲了祭典或民間傳說：

　　東海淵聖廣德王　　　南海洪聖廣利王
　　西海通聖廣嗣王　　　北海沖聖廣澤王
　　漢江水帝龍王　　　　楚江水帝龍王
　　浙江水帝龍王　　　　湘江水帝龍王
　　吳江水帝龍王　　　　五川江水帝龍王
　　揚子江水帝龍王　　　松江水帝龍王
　　荊江水帝龍王
　　江瀆昭靈孚應威烈廣源王
　　河瀆顯聖靈源王
　　淮瀆長源王
　　濟瀆清源王
　　馬當山水府福善安江王
　　采石山水府順聖平江王
　　金山下水府昭信太江王

上面列的四海龍王，本來與道教無關，在早期的道書中，比如東漢時正一盟威道的典籍中還找不到他們。海中有龍宮的觀念來自於佛教。如著名學者季羨林先生所說，「龍王這東西本來就不是國貨。葉公好龍的『龍』，同以後神話小說中的龍，龍女，或者龍王，完全是兩碼事。後者來源於印度，梵文"naga"意思就是蛇，所說龍王實際上就是蛇王。」❺後來他們被中國人所認同，列入了朝廷的祀典，有了封號。通過儀式中占有一席，當然也就是道教三清四御的屬下了。至於各江的水帝龍王，恐怕更多的是民間的創造，與朝廷的封號也不相同。其中最突出的是揚子江水帝龍王，應當就是長江神，但在下面又列出江瀆廣源王，實在是重複的。因為江瀆廣源王是自唐代以來就定下的長江水神的封號，而揚子江就是長江，所謂該處龍王，與祭典重出而叫法不同，應當是民間的稱呼，現在列入了羅天大醮的神位系統，自然便算正式得到道教承認。不僅對於較為低級的民間信仰神靈是這樣，有時對於民間信仰的最高神，即使是與祭典或道教原有主神信仰不相符合，也照樣收錄。如八十二狀「天翁天母諸神」列入了天翁神君、天母神君、天男神君和天女神君，就完全出於民間的天神觀。因為朝廷祭典中有昊天上帝，道教中有玉皇大帝，都是對天上最高神的各自不同的然而算正式的表述。❻

---

❺ 《中印文化關係史論文集》，三聯書店，1982年，第172頁。

❻ 道教中的玉皇與昊天上帝原不相同。昊天上帝列入祭典已久，係皇朝祭典中的最高神。玉皇則是宋代才定型的天庭主管，其地位在三清之

只有民間仍稱老天為天公，其配偶為天母，而且也給他們安排了子女，羅天大醮中設天翁（公）天母天男天女，便反映了這種民間的信仰。而一旦列入醮位，那麼也就歸入道教神譜。

與排定座次相仿，還有一種頒發印璽的辦法。舊時張天師有對某些地位較低的神靈頒發印綬的資格。如城隍神的大印，便由龍虎山正一大真人亦即民間所稱的張天師頒發。過去時代的城隍印留下的不多，上海道教界尚保存有「上海縣城隍顯佑伯之印」，便是清代康熙年間正一大真人所頒。

在這一類型中，還有一種變通的做法，就是請封贈，即向朝廷報告神的靈驗，請求封贈或賜以廟額。宋徽宗好道，當時的許多民間神都被賜有廟額，即皇帝親自對某廟命名和題辭，當然有許多是代擬代筆的，名義上總算是欽定。而欽定的結果，便是其神有了正宗的地位。那些封贈、題額，一般都是由地方政府或者通過其他政要，向皇帝報告的，皇帝不可能突然心血來潮，想起要給哪位民間的神加封號，實際上居於深宮的皇帝們根本不可能知道民間雜多的神祀。比如，大約唐代就出現了的五聖又稱五通，就在宋代得了封贈。宋人筆記中記的五通故事大抵是淫邪一類，他們實際上是民間祭祀的妖神。這一五通，在宋代都大走鴻運，《三教搜神大全·

下，所以許多儒生對這種安排深表不滿。後來，在玉皇的尊號中，加進了「昊天」兩字，似與傳統的上帝合而為一，然而多數朝代不承認，祭典中仍將昊天上帝列為最高神，代表上天，而對玉皇不予理睬。

五聖始末》說：他們在大觀年間賜廟額曰「靈順」。宣和年間
封兩字侯，紹興中加四字侯。以後又一路升級，直到宋理宗
封他們為八字王：

第一位顯聰昭應靈格廣濟王　　顯慶協惠昭助夫人
第二位顯明昭列靈護廣佑王　　顯惠協慶善助夫人
第三位顯正昭順靈衛廣惠王　　顯濟協佑正助夫人
第四位顯直昭佑靈貺廣澤王　　顯佑協濟喜助夫人
第五位顯德昭利靈助廣威王　　顯福協爰靜助夫人
王祖父啟佑喜應敷澤侯　　祖衍慶助順慈貺夫人
王父廣惠慈濟方義侯　　母崇福慈濟慶善夫人
長妹喜應贊惠淑顯夫人　　次妹懿順福淑靖顯夫人

大約是在理宗封為八字王後，道教中出現了若干關於五顯的
經本、燈儀，是將之收進自己的譜系了，但道教經典中，五
通與據說為佛弟子的華光相混。

（二）編寫經書型

　　道、經、師合稱三寶，經書是闡釋教義教理的主要載體，
凡是上了經的，便能得到道教內部共同的認可。只要看一下
《道藏》，其中有關說某一神明的來歷與靈驗的經書，就占了
相當大的一部分。對於民間影響大的神靈，道教有時通過編
制相應的經書或仙傳，將他們收入自己的譜系。

在歷史上，經過造經、編傳將之整合進自己的仙譜的，最顯著的例子就是梓潼帝君、天妃、五聖和金龍四大王了。

梓潼帝君，就是文昌帝君，其實，最初梓潼與文昌是兩個不同的神，直到元代他們才混而為一。梓潼帝君成為管祿位的大神而受到全國性的崇拜，與道教對他的宣揚有極大的關係。

梓潼帝君，原是蜀地民間崇拜的神張蚩子。《華陽國志》載梓潼縣有善板祠，一曰蚩子，當地民眾每年奉上雷杼（傳說雷公用來劈人或邪鬼的利器）十枚，歲盡不復見，說是雷神取去。那麼，他應是雷神。又有人說，梓潼縣張蚩子神，其祠建在五丁拔蛇之所（據說秦時五位力士送公主嫁蜀，到了現在劍閣地方，見大蛇進入山洞，五力士即五丁拼命往外拔蛇，結果山崩壓死五丁，而絕壁變通途，李白〈蜀道難〉「地崩山摧壯士死，然後天梯石棧相鉤連」就是寫此）。那麼又可能與蛇有關。民間傳說，則說他是雋州張生所養之蛇，因故立祠，當時人稱為張蚩子。其神甚靈。蜀王建世子名元膺，聰明博達，騎射絕倫，牙齒常露，多以袖掩口，左右不敢仰視——長著雙蛇眼，皮膚又黑，性格兇惡鄙褻，便被認為是廟蛇之精。❼清馮浩注李商隱〈張蚩子廟〉詩曾引上述說法，並引《爾雅》注說：「（蚩）蝮屬，大眼，最有毒，今淮南人呼蚩子。」❽據此，梓潼神即雷神，也可能是先民所祀

---

❼ 參看宋孫光憲〈北夢瑣言〉佚文，見《太平廣記》四百五十八。

❽ 清馮浩：《玉溪生詩集注》卷三。

的蛇神。只是後來加上了姓名罷了。不過對此沒有更多的旁證，只是一個推測。

雷神也罷，蛇神也罷，是晉代以前的民間所祀，而他的走運則在唐以後。唐玄宗、僖宗奔蜀，傳說都得到他的護佑，於是他被封為「濟順王」。宋真宗時，據說在鎮壓益州民眾起義中，也得到梓潼神的幫助，所以又封其「英顯武烈王」。

宋代，有蜀中士人出來應試的，劍閣是出川的常經之途，於是過往者便會入廟祈禱，據說十分靈驗。到了南宋時，都城臨安（即今天的杭州）和各州郡都有了他的神祠，成為四方士子求功名者的專門禱祀場所。到了元代，他又被尊為「輔元開化文昌司祿宏仁帝君」，與古已有之的掌管祿命的文昌星合而為一。有些人就寫些《清河內傳》、《梓潼帝君化書》之類的東西以證其事，宣揚神跡，讓他掌管「文昌府」和人間祿籍，同時，模仿《道藏》中原有的《上清大洞真經》的題目，編定了《文昌大洞真經》。這樣，梓潼帝君原來的「出身檔案」便被抹去，而成了極受崇奉的高品秩神靈。他在道教中是品秩達到「帝級」的大神，由於掌功名，一般的儒生也多崇拜他，所以他的影響貫穿了儒學與道教，當然也因之在社會上造成極大的影響。

天妃，就是福建沿海普遍崇拜的媽祖。其來歷今人已有許多研究，不作贅述。天妃是她在明代的贈號，到了清代，便升格為天后，地位更高了一等。我們仍以天妃為稱，是因為她的專經出現於明代，而且收入萬曆年間編成的《續道藏》中。

　　媽祖原出於福建沿海民間，初與道教沒有什麼關係，大約是明代被封為天妃之後，道教中將她的靈跡集中起來，加以渲染，形成《太上老君說天妃救苦靈驗經》。其開經偈說：「威容顯現大海中，德廣遍施天下仰，護國救民無壅滯，扶危救險在須臾。或遊天界或人間，或遍波濤並地府，邪魔鬼魅總歸依，魍魎妖精皆潛伏，變凶為吉如彈指，賜福消災若硶微。」而媽祖的來歷更是不凡。據此經說，因為太上老君在無極境中：

　　　觀見大洋溟渤、河瀆川源、四海九江、五湖水澤蛟蜃魚龍出沒變化，精妖鬼怪千狀萬端。有諸眾生，或以興商買賣，採寶求珍，出使遐荒，交通異域，外邦進貢，上國頒恩，輸運錢糧，進納貢賦，舟船往復，風水不便，潮勢洶湧，驚濤倉卒，或風雷震擊，雨雹滂沱，其諸鬼神乘此陰陽變化，翻覆舟船，損人性命，橫被傷殺，無由解脫，以致捉生代死，怨怒上衝，何由救免？

所以派了斗中妙行玉女降生人間，救渡生民。由於江海風波險惡，航行困難而祈求神靈佑護，是天妃產生的社會和心理根源，經中宣稱派玉女下凡的前提。天妃是民間女神，被說成是老君派下凡的玉女，一個民間神祇就這樣被攢進了道教殿堂。民間的另一種神化天妃的方式，是說她母親吞了觀音

菩薩所給的優鉢花才有孕的。總之，在民眾的心目中，凡有神道者本事的來源非出於佛即出於道，而一旦造出《道經》來宣揚一番，自然便成了「正宗」的神靈，在民間的威信便高了許多。

（三）編制科儀型

有的民間神，雖然沒有經過正式的製造經書，或在位業圖中占有位置，甚至於在大量列出神位的科儀中也沒有出現，但是卻有道士為之編定了祭祀的儀式，當然也便事實上進入道教神系了，或者說由道教對其存在的合法性做了肯定。這種做法開始時可能是由當地百姓請道士主持祭禮有關，一旦科儀成文並在當地施行，便被確立下來。比如，民間素有小孩命中多逢凶神惡煞，不求禳解難以過關的觀念。凶神，常見的一種是白虎星，據說，小孩命逢白虎，十分凶險，必須請法師作法解除才行，其他又有各種關口，有煞神把守，也得要禳解才能通過。這種民間的信仰，在道教內得到的呼應主要就是制訂出禳解的儀式，四川青城山和成都一帶全真道的儀式集成《廣成儀制》，便收入了類似的科儀。為解除白虎為害，編有《遣送白虎全集》，稱為奉道信人某「運逢坷坎，命遇乖違，致曰白虎以臨宮」，因此虔誠祭獻，仰仗真聖威靈，實現遣送他們離開的願望。那裡邊列出的白虎神君，十分具體，名字俚俗，顯然是從民間引入。如其中有梁上白虎神君、梁下白虎神君、房內白虎神君和房外白虎神君等依小兒可能

受驚得病的地點命名的，也有作冷作熱白虎神君、咬人頭痛白虎神君等以各類病症命名的白虎神君，還有牛頭白虎神君、貓頭白虎神君、鴨頭白虎神君等以小孩易受驚嚇的動物命名的白虎神君，看來沒有什麼文飾，表現出民間信仰的本色。另外編有《禳關度煞全集》，說有三十六關、七十二煞「總童運而司災厄之權，歷歲序而判凶厄之政」，因為某孩童「實犯關刑，求為庇護」。每一關都有守關之神，第三關由申公豹、第四關由秦明把守，肯定是《封神演義》、《水滸傳》流行之後，借用書中人名，也明顯地呈現出其民間俚俗的本色。這是民間信仰的凶神得到道教肯定的例子。同書另有《楊泗正朝全集》，是醮祭民間信仰的長江神的。長江神，前面提到過，正式的朝廷封號是廣源公，但長江流域中游一帶民間卻另有楊泗將軍的稱呼。這一神，在明代《道藏》中沒有見到，清代編的《廣成儀制》稱他為「紫雲臺上金甲御史楊泗將軍」，且有神父楊公老人、神母寧氏夫人，其楊當是從揚子江「揚」化來，寧氏或許與祈求長江波濤寧息相關。不管怎麼說，其神來自於民間，道教為適應民間崇拜的需要，設為儀制，也就意味著將他納入了自己的神仙譜系中。

（四）召役型

召神役鬼是道教普遍施行的法術，即使最一般的科儀中，道士出官、存神、遣將都是必備的科目。道門的神將系統十分龐大，除了功曹、玉女和某些源出於道教仙譜的靈官之外，

相當大的一部分來自於民間。這不僅表現在民間信奉、朝廷
也列入祀典的雷公、電母一類自然崇拜神靈都成了役使對象，
而且也大量地吸收了死後享受香火的民間神。關公、張巡等
人最初都是作神將召役，後來才漸漸成了顯赫的大神。北宋
時，三十代天師張繼先 (1092-1127) 應宋徽宗之命治解州鹽
池水溢，成事後向徽宗說：「臣所召的大將就是關羽。」徽宗
讓關羽顯身，一見大驚，以崇寧錢擲之，便封關為崇寧真君。
雖然這些神跡如何是一個歷史的謎團，但關羽初與道教發生
聯繫是由於召役，倒是可以確定的。明代《道藏》中收入的
道教法術儀式集成《道法會元》載有專以召役關羽為主的法
術二卷（卷二百五十九、二百六十）。書中稱他為「雷部斬邪
使興風撥雲上將馘魔大將護國都統軍平章政事崇寧真君關元
帥」，描寫他「重棗色面，鳳眼，三牙鬚，長髯一尺八寸，天
青結巾，大紅朝服，玉束帶，皂靴，執龍頭大刀，有赤兔馬
隨」。這些可能是民間藝人說三國時經常描繪的關羽形象，後
來在《三國演義》中得到充分發揮。道教中關元帥秘法科儀
的編制或在宋，那麼多數直接從民間「說三國」中採擷而來。
關元帥秘法中召役的符稱〈元帥真形符〉，其合形（複雜的道
符畫時要經許多手續，先畫其各部分，稱分形，最後合成一
幅完整符形，稱合形，或聚形）便是元帥的威武形象（圖四）。

　　另外有位唐代的張巡 (709-757) 因抗擊安史之亂，苦守
睢陽城，城破，被俘遇害，是一位著名的烈士，歿後被贈揚
州大都督，與同時守城的許遠同在睢陽立廟，號稱雙廟。大

戢

變形書迎刀符

元帥真形符

卯文青炁

雷局巽炁

圖四　關羽真形符

約在南北宋之交，他的神跡開始受到注意。據說，紹興年間，金兵南侵，宋軍在淮東作戰，得到張巡和許遠，及原部將雷萬春等率陰兵助戰，所以早已成為民間信仰的正神。他也被道門作為召役的神將，並設置了〈東平張元帥秘法〉。

　　上面提到的是民間祭祀的功臣烈士等人鬼如何通過接受召役而進入道教的。其實，古代祀典中或民間的許多神靈，都是通過這一途徑進入道教的。比如，二十八宿以及由它們合成的星象演變出的朱雀、玄武、青龍、白虎，都被視作保

護神或役使神將，被編制進了道教的儀式，因而與之建立了聯繫。狐仙的信仰本係民間的精怪信仰，為自然崇拜的一種。它們本來是道教儀式鎮壓的對象。但後來呢，據說它們服了天師管束，於是便被認可。江西龍虎山天師府中原有一處狐仙堂，供奉狐仙。天師內宅怎麼會供狐仙呢？反對天師的人編出故事說，那狐仙原來在外興妖作怪，被天師收服，但與天師約定，她在外邊興妖，天師符一到，便逃走，這樣天師符便有了買家。而筆者去那裡考察時，天師府中道士則解釋說，狐仙原是被天師收服的，怕她在外生事，所以帶在身邊，而且也派她做助手。反對天師的人所說，表達了他們的情緒，然而卻可能是天師府道士的解釋比較接近實際情形。原來，唐代雖有道士收妖狐的傳說，估計也有相應的科儀，不過在唐代著名道士葉法善的傳說中，卻提到某些狐是可捉而不可殺的，因為它們原是天獸，供天曹役使。而在較晚的記載中，又提到一種「天狐別行法」，說是狐狸萬歲以上便成了天狐，用法術可以召役它們。天師府中的狐仙堂，不管當時設置時做何考慮，究其初意，大致可以肯定是從召役開始的。

（五）接管型

　　民間神祀的廟因各種事由，被道士接管，原來供奉的神靈，也自然地被當作道教（其實只是當地的道士）認可的正神。民間的廟，有時可以觀音菩薩、關聖帝君和其他真君、夫人濟濟一堂，民眾進入其中依此上香或因事只向其中一位

上香，並不覺得有什麼不自然。民間祭祀的某些獨有的神靈，
也常側身於佛菩薩和真君之旁。而那些祠廟或由廟祝或由僧
人、道士管理，而且他們之間經常易手。比如現在杭州的黃
龍洞，本來是佛寺，清代時賣給道士，改造成了道觀，現在
又成了純旅遊場所。上海舊時有條石路，靠近現在南京東路
有一座保安司徒廟，其神的來歷不甚清楚，應當是一座民間
神祠，不知何時由僧人掌管，以後又售予張姓道士，於是便
成了道觀，俗稱紅廟或虹廟。如果是道士入主某一廟，會進
行一些突出道教神仙譜系的改造，但原有的神祇，通常不會
將之請出廟門，而是給予一個座位。因為民間有「請神容易
送神難」的俗語，請進來的神靈不敢輕易毀棄，怕做得不當
神靈怪罪。道士自己也有這種心態，即使另有想法，但也要
考慮到信眾的情緒。這樣由於道士接管或者廟主請道士主
持，原有的民間神便安坐於宮觀了。上面提到的紅廟，既歸
為道士之手，那麼保安司徒，以及由僧人掌管後塑的觀音像，
都歸入道教。上海蘇州河畔的老匣大王廟，原係船戶供奉金
龍四大王之處，但請道士主持，自然成了道觀系統的一分子，
神——包括金龍四大王和手下某些未入祀典僅僅民間供奉的
神，也都因之進入了仙班。杭州西湖邊原有金華將軍廟，係
供奉青蛙神的，是典型的民間自然崇拜場所，後來不知什麼
時候，由道士主持，其廟其神便都姓了「道」，當然，在對其
神格的介紹時，不再說他是青蛙神，而是說他是南宋的謝姓
功臣，一說是烈士。

（六）受管型

　　老百姓有時會將自己信仰的神，攆進宮觀，於是在旁人看來，那些神已成為道教系統的正神，而且只要沒有人反對，久後也便變為既成事實。民眾對於有功於地方的人鬼與其他神靈，習慣於雕塑成偶像加以崇拜。但若是有像而無廟，也會將之寄於道教的宮觀祠廟。有時信士捐資修建宮觀，落成後會搭便車將自己信奉的俗神攆進。清末在上海吳淞抗擊英法聯軍壯烈犧牲的總兵陳化成，上海人民曾為之立祠。抗日戰爭爆發後，因上海有戰事，陳化成的神像被棄於街頭，好心的民眾便把他攆進城隍廟，他便被當成了道門正神，而且長期被誤當成城隍神。某名山宮觀中，有所謂「白太公」，是一尊鬚髮皆白的老人，在道教仙譜中素未見到，詢之當家道長，方知是一位對該宮觀做過好事的仙姑，以自己為人治病所得，將夢見的神靈攆進宮。另在某道觀中，見到有大量的地方人士所贈的「蛇王」等匾，原來也是捐資修廟的人順便送進來的。武當山某宮，新塑一位驅蝗神，或說，這是「蟲王」，蓋也是民間所信奉的神靈，不知什麼原因被攆入。如果是道士主動，則可以列入下面要談到的請進宮觀型，如果是信眾起意塑造，那麼，正是這兒說的受管型。

（七）請進宮觀型

　　即由道教界主動請進宮觀。不少民間神祇，名聲大後，

道士會主動將之請入宮觀。這種做法主要是考慮到民眾的宗
教需要，同時也無庸諱言，有經濟上的考量。因為道觀的收
入相當部分來自於信眾的香火錢，規模較小且與民眾雜處的
小廟尤其是這樣，所以有必要儘可能多吸引香客。因此，將
民間信仰較盛的神靈請進廟來，對滿足民眾的祭拜需要，和
增加宮觀祠廟的經濟來源，都相當重要。比如，民間對包公
的信仰極盛，大多數稱他為包青天，不僅生前剛直不阿，傳
說他斷事如神，而且歿而有靈。元代傳說，他主管東嶽的速
報（即立即報應）司。兒時聽故鄉浙江龍游的老人說故事，
說包文正本來做了第一殿閻王，但是他太直，也太同情鬼魂，
凡是新死鬼生前沒有做過壞事的，他都放還了，如果那鬼的
屍身已有少量腐爛，他說會指點鬼魂到黃河中洗洗手，然後
再還陽。陰間的鬼因而越來越少，因此閻王們合議，將他調
任後殿。民間的這些故事、傳說，對包公充滿著崇敬，也寄
託著希望，道觀中也會適應民意，塑出包公像，供人頂禮。
不知什麼時候，速報司換了長官，北京的東嶽廟裡，明代的
速報司主管是岳飛。據不久前依舊照片重建的北京朝陽門外
的東嶽廟速報司外文字說明，說因為岳飛被莫須有的罪名冤
死，所以遇有冤情，便會迅速做出反應。看來，民眾的感情
由岳飛的主持速報司得到了表達，或者說，這種安排，本身
是適應民眾感情的結果。而其結局，是岳飛被道教攆進廟堂。

　　上面講了幾種相互區別的道教吸收民間信仰的方式，從
民間信仰角度講則是它們進入道教的主要方式。不過，我們

雖然將道教吸收整合民間信仰的方式做了歸納，指出其不同的類型，實際上只是相對的。因為現實生活中，這幾種方式也許會交織地發生，而且具體到廣布於中國大地上的各類宮觀和民間的祠廟，要說明它們是怎麼樣交流的，最初是如何由民間進入道教的殿堂，實在不容易弄清。這裡只是指出，民間信仰的對象進入道教的途徑不一，有時也是多途並進。比如說，前面提到岳飛被整合進速報司，成為東嶽大帝屬下，但同時，他又被吸收為道門護法神，可以歸入召役型；因為他曾受到襃封，在杭州有岳廟，各地也往往有其行祠，有的由道士主管，便成了接管型的代表。五聖，又稱五通，在唐宋至於明清名聲不佳，但在宋代被封為八字王，道門中稱他們為五顯靈光大帝，有經書，也有儀式，似乎也是一個複合型的代表。

三、源源進入神仙譜的民俗神

上面我們歸納了道教吸收民間信仰的主要方式，通過這些方式，不同歷史時期，都有民間俗神進入道教神譜，這些進入道教神譜的俗神，在道教中被給予新的解釋，並被安置到道門神仙的各類職司和不同等級中去。

綜括起來看,從民間進入道教的有如下一些類型的神靈：

（一）從民間吸納的地方、家宅保護神和職司神

　　這類神中比較重要的有城隍、土地、灶君、門神、鍾馗、財神等。

　　城隍神，是從古代「八蜡」之祭中坊和水庸發展而來。八蜡，共有八種神在歲末一起加以祭祀，其中有人，也有動物，如貓、虎，又包括一些人工的建築物。坊和水庸便是人造的水利設施。坊用來蓄水和障水，庸指受水與排水的溝渠。人們崇拜它們，因為與農事和城鎮村莊的安全有關。隍的本義是護城河，古代說的城池，即概指城與護河。城隍與坊、庸字義相通，但城隍神的出現比水庸之祭晚得多。據人考證，最初的城隍神出現在三國吳赤烏年間，至遲在唐末杜光庭刪定的道教科儀中，已將城隍神列入召請的行列。以後在科儀中「發城隍諜」更是常見的關目，《道藏》中有城隍的專經。

　　土地是古代的社稷之神，有的地方直到近代仍稱他為「土穀神」，亦稱他為「土神」，漢代稱他社公，是村村都有的地方保護神。早期道教召役的鬼神中即有社公，以後在科儀中土地被置於城隍之後。一般民間稱土地為福德正神。

　　門神和灶君原是古代「五祀」中的內容。漢代傳說，門神為度朔山大桃樹下的二鬼神荼、鬱壘。道教吸納以後稱為門丞、戶尉。灶君漢代時有許多不同傳說，他的地位原不很高，有人說他屬於「老嫗之祭」，道教吸納後稱他有監察該戶人家善惡並報告天庭的職司，稱「東廚司命大帝」，地位很高。

　　鍾馗，一般據北宋沈括《補筆談》等書的記載，說他起源於唐玄宗時。實際上南北朝時期即已出現，是民間信仰中

禦鬼神物。後也被道教吸收，不僅在端午的民俗中出現，在
道符的簽押中，有時便用他的形象。

　　中國唐以前沒有財神，宋代過年習俗中，民間賣的神馬
（紙繪神像）中有財馬，但形象不詳。約明代，才以道教神
譜中趙公明為財神。實際上趙原為冥神，宋至明初，為雷部
元帥之一，因為係西方金氣而成，故被看做財神。他是道教
神仙與民間信仰匯合的產物。

（二）從民間吸納的人鬼之祀

　　中國古代有祭先帝、先賢、先烈的傳統。凡有功於國、
有恩於民的，往往在歿後被立祠祭祀。其中有不少被歷朝列
入祀典，即官方承認規定的祭祀對象。道門中稱他們為祀典
正神，吸納他們入神譜，根據功勞大小（業）、祀典中地位，
給予不同仙職。前面提到梁陶宏景的《真靈位業圖》中就將
堯、舜、禹直到孔子、莊子，都編入不同等級（位）。從宋以
後，這類人鬼之祀被吸納進道教神譜而影響又較大的有關帝、
張巡、媽祖等，前面已經談到過。

　　值得注意的是，城隍、土地早已歸入道教系統，但民間
又常用歷史人物充城隍神和土地神，這樣又為眾多的人鬼之
祀進入自己的神譜打開了方便之門，所以此類神實際上已是
某種神格的統稱，具體到每一地，甚或同一地不同的時期，
會有不同的人鬼被納入其中，它們也便成了吸納各路英靈的
廣闊網絡。一般在某地充任城隍的，都是與其地有關的功臣、

烈士、名賢。據說南京城的城隍是文天祥，蘇州的城隍為戰國時的春申君黃歇，上海縣的城隍是元末明初的秦裕伯。但現在上海早從縣而道而直轄市，其城隍一般仍稱秦氏，然而現在的上海是從許多原來的縣（如青浦、南匯、寶山縣等）甚至於府（原來松江就是府城所在），合併而成的，原來各府縣各有城隍神，現在大多數廟與神都還在，所以在上海市的範圍內，同時存在多位城隍。目今中國有二千數百個縣，再加上如上海這樣的歷史沿革，城隍神的數目便大大多於目前的縣城數。土地，在民間，只是塑一個白鬍鬚老頭，或者再配上一位老婆婆，看來他是男性無疑，那模樣也幾乎是千篇一律。但是去查某些地方的志書，聽民間的老人說故事，當地的土地神也會請歷史人物充當。清代吏部衙門的土地神，據說是唐朝的大文豪韓愈。他老人家「文起八代之衰」，自然擔得起此任，不過只是一個小小的土地，好像有些委曲。浙江蕭山的土地，據說是西施娘娘。西施，是越王句踐用范蠡之計送與吳王夫差的美女，是一位為越國而犧牲了自己的青春和幸福的奇女子。她在歷史上是真有還是百姓的口頭塑造，學者中素有爭論，民間則是認定她是實有的人物。她的故鄉，一般都認為是浙江省的諸暨，但是蕭山人中好事者卻說是他們那裡人。其中一個附證就是她是當境的土地。女性充當土地的實在少見。筆者陋目所及，僅見到西施和湖州金蓋山的土地叫胡剛剛，是一位曾經修道的姑娘。這且不管它，可以肯定的一點是，土地神也會由歷史人物充任，它似乎只是一

個虛位，可以由不同的鬼神——通常是由人鬼填補其缺額。
總之，城隍、土地都已成為陰間的兩級陰官，隨時可以選拔
鬼魂赴任。

（三）從民間吸納的其他神靈

　　除了上述神祀以外，民間的一些自然崇拜的精靈，也有
若干進入道教神譜。比較重要的有狐仙、五聖等。道教教義
中承認萬物皆有道性。在其《女青鬼律》、《天壇黑律義格》……
等中，宣布各類精魅、鬼物，只要潛心修持、造福於民，皆可
奏明天庭授以正神之職。這是它能吸納這類神祀的觀念基礎。

　　民間神祀進入道教，一方面豐富了道教神譜，另一方面，
這部分神祀也得到提升，在中國歷史上穩固傳承。

　　進入道教的民間神祀，如同前面所提到過的那樣，與它
們先前散漫無序的情形不同，不再是游離在外無所拘繫的個
體，而是被納入了整個神仙譜系。儘管在唐以後，沒有出現
過像《真靈位業圖》那樣的完整神仙譜系，但在實際的祭祀
科儀中，還是可以看出道教仙譜的某些內涵。比如，在各類
齋醮儀式中，對不同的神靈還是有不同的待遇，這在道士的
文書格式中有明確反映，知道各種神在道門中的地位，是每
一位法師必備的知識。

第三章

道教對民間信仰的約束和支配

作為制度化宗教，道教有嚴格的戒律，
有規整的神仙譜系，
有一個明確的了道成仙的追求目標。
而民間信仰的要義，乃在於神靈的靈驗，
能夠保佑生活平安，諸種願望得以實現。

　　道教對於民間信仰的整合，是道教與它有著千絲萬縷的聯繫的表現。它說明，道教不斷地到民間信仰中吸取營養，同時對於吸收進來的民間神靈做了若干改造和提升，將之編制進了自己的神仙譜系。這是道教與民間信仰聯繫的一個方面。另一方面，民間信仰也受到道教的重要的影響，在某種意義上是受到道教一定的支配，也受到不同程度的約束。

一、道教神仙在民間信仰體系中的主導地位

　　民間信仰具有複合性，即民間所造之神與制度化宗教佛教、道教的佛、菩薩、神仙常常都混雜在一起，受到老百姓的膜拜。民間信仰曾經是道教形成的重要資源。但是它一旦形成，又對民間有重大的影響，社會上的人們總是將道教的尊神、仙真與佛教的佛、菩薩放在一起，當成正宗的神明，而且是地位最高的神明。所以假如我們去看民間信仰的實際情況，就會發現，我們可以在學理上將道教神仙和佛教中有明確記載的佛、菩薩與民間的信仰分開，而在老百姓的頭腦中和祭拜的實踐中，未必明白這些不同來歷的神明與其他神明比如五顯神、狐大仙之間的區別。所以實際上，道教的神仙又源源不絕地流向民間，在民間享受香火。而且，從地位上說，他們常是民間崇拜的主要對象——只是民間對從道教系統來到自己中間的神仙往往做出不同解釋，這一點後面還要談到。

　　道教是有組織的宗教，它的神仙譜系，比起散漫的民間神祀，占著明顯的優勢。首先，在對神明的解釋上要更加系統化、哲理化，對神明的推廣和鞏固，也有較強的力量。其次，道教作為一種社會實體，有自己的組織，有自己的洞天福地和宮觀廟宇，使得神仙有穩固的基地。歷代道士出於信仰，往往勤於焚修，對所祀神仙的祭典常行不懈，再加上道教有系統的經書、仙傳記載和宣揚神仙的神跡、靈驗，如此等等，使道教在民間信仰中占有很高地位，在某種程度上是指導地位。

（一）民間信仰中的「高級」神靈群體

　　在民間信仰中最高級、最穩固的神，往往是源出道教神譜，或原係民間信仰後經道教神譜、經書肯定吸納的神。比如玉皇、玄天上帝、許真君、張天師以及呂洞賓、碧霞元君等等，都是源自道教的；五嶽、四瀆、山神、城隍、土地以及關帝、媽祖等等是從民俗神進入道教的。他們在民間信仰中的地位高、分布廣，流傳穩固。例如八仙中的呂洞賓，在明清時期的民間信仰中地位極其重要；南極嶺表，北至關外，都有呂祖祠、像，圍繞他的生日（農曆四月十四），廟會有一系列民俗活動，各階層、各行業的人都各依自己的理解參與。這點既與他「度盡世人，方始上升」的傳說有關，也與全真道將他奉為祖師有關。至於玉皇誕辰、下巡日民間的齋天活動；東嶽廟燒香及相關的民俗活動，就更為人熟知。這裏且

稍稍做些介紹，然後再做分析。

　　玉皇原為道教尊神，《真靈位業圖》、《雲笈七籤》都曾提及「玉皇」，不過，那裡指的可能只是元始天尊，與後來的玉皇大帝有所不同。現在的玉皇大帝，作為天庭大總管的形象，大約是北宋才出現的。在民間的信仰中玉皇身上又匯進了漢人信仰的東王公的若干特徵。東王公，是在東漢才出現的高級神靈。本來，在《山海經》、《穆天子傳》和西漢的《淮南子》中都提到了西王母，最初她的形象有些嚇人，是司屬之神，即管災禍的神靈。但是到了小說《穆天子傳》，她已變成了可愛的女神，《淮南子》提到后羿向西王母請來不死之藥，卻不料被他的妻子嫦娥偷吃了，結果飛到月宮裡去。這樣她又成了重要的掌管不死之藥的大神，所以後來被道教吸收。東漢時，人們又想像出一位東王公，與她相配。依據中國人的觀念，五行西方屬金，東方屬木，所以西王母又稱金母，東王公又稱木公，木公金母遂成為最主要的一對神靈。到了後來，似乎東王公的地位上升到了西王母之上。這也難怪，古代中國是以男性為中心的封建國家，東王公儘管比西王母出現得晚，卻比她占便宜。據《太平廣記》中的〈木公〉一則說，他位在天上，「真人仙宮，巨億萬計，各有所職，皆稟其命，而朝奉翼衛」，與西王母共掌真仙階品。木公的形象後來又被整合到玉皇的身上，所以民間和一些小說如《西遊記》有瑤池金母也就是西王母與玉帝共掌天庭的描寫、傳說。不過玉皇的形象正式確定並大走鴻運，還是在宋代。宋真宗以

玉皇的名義宣布自己的始祖是道教教主趙玄朗，玉皇大帝受到的禮遇自然很高。玉皇的祭禮普遍了，社會上一般將他看成天上的皇帝，元始、老子等神仙也須聽命於他。其實，道教中最高的神仙是三清，其中高中之高又是三清中的元始天尊。至於玉皇大帝，據道書說，還是太上大道君送他去投胎的。道教中有玉皇經、懺、朝儀專書多種，集中講他出處和神通的為《高上玉皇本行集經》。那經中說，玉帝本是太上大道君送與寶月光皇后的兒子，修行三千二百劫，始證金仙，號清淨自然覺王如來，教諸菩薩頓悟大乘正宗，漸入虛無妙道，復修行億劫，始證玉帝。這些說法，大致是模仿佛教中的菩薩出身的經典、神話衍演而成的。這麼一來，玉帝屬道教卻又有了佛菩薩的特點了。老百姓對此，倒也不去細別，反正他是天上至高權力的象徵罷了。

　　玉皇雖然因宋真宗崇道而大走鴻運，但他與朝廷祀典其實是不符的。原來，中國古代皇帝的專利，是祭祀上天，即行郊天禮（如今北京市的天壇，便是當年行那至高大禮的神聖之區，只是那建築是清代的。更早時代的郊天禮所築的聖壇也與天壇相仿，都是環形，稱為圜丘），其人格神稱為昊天上帝，玉皇或玉帝則是後起的、與尊崇道教相聯繫的。當時宋真宗上玉帝的尊號為「太上開天執符御曆合真體道玉皇大天帝」，傳統稱天帝為昊天上帝，二者是一、是二？頗存疑問。宋徽宗時大約是為了彌縫這一矛盾，在玉帝尊號中加了「昊天」字樣。但在宋代，儒臣對此已很不滿意，因為在道教中，

玉帝在三清之下，現既以玉帝指昊天上帝，那麼朝廷祀典中
的最高神便降格了，在儒生看來實在是背謬之舉，朱熹等人
都對之做過抨擊。後來郊天禮仍為朝廷大典，玉皇的祭禮也
照樣舉行。到了明代成化年間，大學士商輅等向朝廷進言說，
本來郊祀禮一年舉行一次，是極為隆重的。但近來皇上又在
宮北建立祠廟，奉祀玉皇，而且用郊祀的衣服、禮器的式樣，
樂舞也取同一樣式，想在道教說的神誕之日舉行祭禮，但這
一做法「稽之古禮未協」。他們要求停止舉行此類齋醮儀式。
結果被皇帝採納，內庭的玉皇祠被拆除。❶因此，所謂玉帝
與昊天上帝嚴格說來，身分並不相同。然而在當年的文臣看
不順眼的玉皇大帝，卻在封建時代結束後，仍然活在民間。
昊天上帝雖然「正宗」是老天的代表，但卻是皇家祭祀的特
權，與老百姓是不相干的。皇帝倒臺，郊天禮不再舉行，昊
天上帝在一般民眾的記憶中差不多也消失了，只有在古文獻
中還能找到他的威嚴。而玉皇殿、玉皇閣是到處都有的，老
百姓人人可得而祀之 —— 不信神者自不在此列 —— 及至帝制
廢，郊天禮不行，玉皇卻仍在道教和民間享受香火。玉帝是
至高無上的，但作為道教神殿裡的神靈，又被民間信仰所接
受，所以仍有平民化品格。

　　玉皇大帝在民間信仰中，無疑具有最高的地位，一般人
的腦子裡，「地上有皇帝，天上有玉帝」，他是宇宙的總管，
也是其他神仙的總領，其他的神仙，都要朝見玉帝，討封賜，

❶　《古今圖書集成·神異典》卷二一五。

奏事由，取聖旨。蘇州有座呂洞賓的廟，俗稱神仙廟，儼然
是仙界的代表。據說，呂祖很是靈驗，每當廟會，都會親臨
現場，化身為乞丐，幫信眾治病，或做其他救濟之事。但後
來呢，呂洞賓卻不大來廟中了。原因是在廟的後半部造了一
座彌羅閣──專門供奉玉皇大帝的廟宇，呂洞賓怕一進廟就
要去朝參玉皇大帝，所以乾脆少來廟中為佳。呂洞賓在民間
的品格，頗有點市井氣息，似乎散蕩慣了，不耐煩禮儀拘束。
當然，故事是人編的，神仙世界的實際情形如何，我們這輩
凡夫俗子無法臆測，也當不得真，但是故事裡卻傳達出民間
傳說產生的心態：神仙道行再高，如呂洞賓，在玉皇面前也
總得守些規矩，因為玉皇是最高的領袖。在歲時風俗中，每
年除夕即設香案設素供接玉皇，是地無分南北，都極為小心
的。在許多地方，老百姓稱這一風俗為「齋天」，那是對天老
爺的崇敬，算得上最高級的了。傳說，這一天玉皇要巡視天
下，遇有不敬天或不做好事的，自然要給一點懲罰，好人則
會有好報。《西遊記》裡寫道，鳳仙郡的地方官，在齋天時將
供桌推倒，供品餵了狗，被玉皇親眼看見，便罰他一郡不下
雨，連孫悟空去說情也無濟於事，還是郡侯改過自新，才獲
得原諒。玉皇地位高，他的廟會，氣勢也便非同小可。清末
的詩人龔自珍從北京回福建，經過鎮江時，碰到賽玉皇即玉
皇大帝出會，見到有風神雷神做陪祀，其他神靈無數，「禱祠
萬千」，道士請他寫青詞，於是寫下了一首著名的詩篇：「九
洲生氣恃風雷，萬馬齊瘖究可哀。我勸天公重抖擻，不拘一

格降人才。」這首詩，寫於鴉片戰爭的前一年，是他的組詩〈己亥雜詩〉中的一首，也是被人引用極多的一首。那麼，他的靈感來自於何處呢？當然與當時所處的社會狀況有關，中國的社會積弱積弊是有識之士已經深刻感受到的，所以他要呼喚風雷，呼喚蒼天。但是詩興大發的直接緣由則是賽玉皇的宏大氣勢，玉皇會所象徵的宇宙間的巨大力量。這種玉皇會雖由道士主持，而參加者則是一般的民眾，具有地方上禱福祈祥的性質。從那種宏大的氣勢中，詩人看到了，或者說感受到了「天公」的威嚴和無窮的力量，也不難看到當時的現實與這種大氣勢的巨大反差，因此不由得發出請天公不拘一格降人才的吶喊。他所看到的這種挾著風雷、萬神陪祀的氣派當然不是一般的神靈出會時所能有的，它顯示的是玉皇大帝在民間信仰中的崇高的、不可替代的地位。

　　另一個在民間受到普遍崇拜的例子，是東嶽大帝。東嶽泰山，春秋時屬於魯，祭祀權屬於魯公。直到秦代，還沒有將它稱為東嶽——因為五嶽的名稱是後起的。漢代方有五嶽之說，華山為西嶽、泰山為東嶽、天柱山為南嶽（後改衡山為南嶽）、恆山為北嶽、嵩山為中嶽。五嶽為朝廷祭祀的對象。然而它們又很早進入道教的神譜。東漢時，方士中流行著一部《五嶽真形圖》，包括五嶽和其他四座山的地形圖和相應的符，前面已經提到過。所以，五嶽既有朝廷祀典的規定，又具備道教信仰的特徵，它們是早就進入神仙系統的神靈。在五嶽中，中嶽嵩山應為之首，然而在民間的影響卻遠不能與

東嶽相比。原來漢代民間流傳著人死後「魂歸泰山」的說法，認為泰山治鬼，它儼然成了幽冥地府的代名詞。從漢明帝封泰山元帥，歷代加封號，至宋真宗祥符四年尊為東嶽天齊仁聖帝。隨著泰山地位的擡高，到了唐代，它已被稱為岱宗，為五嶽之首。泰山當地岱廟的祭祀例由朝廷委員施行，平日香資則收歸政府，或充軍餉。然而，由於泰山帝是管幽冥的帝君，他的行宮遍於宇內。帝王裝飾的神像在行宮中坐享香火，顯赫得很，比如北京朝陽門外的東嶽廟，規模宏敞，香客極多。尤其到了三月二十八日東嶽大帝聖誕的那天，更是熱鬧了。《清嘉錄》載清代蘇州地區崇拜東嶽的情形說：「二十八日為東嶽天齊仁聖帝誕辰。城中玄妙觀有東嶽帝殿。俗謂神權天下人民死生，故酬答尤虔。」東嶽的神祠建得十分普遍，即使是窮鄉僻壤，也往往常有規模不等的東嶽廟或者東嶽殿。因為東嶽生辰前後到廟中燒香的多來自於農村，蘇州一帶便以農民穿的草鞋稱為「草鞋香」。這十分形象地顯示出東嶽大帝崇拜的普及程度。對東嶽的崇拜，表現了民間對道教構築的陰間世界的認同。與東嶽地位相仿的另一個陰間主管，是酆都大帝及他屬下的十殿閻王。道教中也有專門的酆都法，召役他的屬下以處理作怪的邪鬼。不過，民間對酆都大帝、東嶽大帝，並不太注意分清，有東嶽廟的地方，去拜東嶽，酆都廟所在，拜酆都。後者在四川有一個大本營，地名就叫酆都，是著名的鬼城。據說那裡人鬼難分，鬼用冥間的銀元，到人間買賣，店家誤收之後，等會兒便變成灰——

原是燒化給他的錫箔哩。所以，店中都備一盒水，凡收到銀子先放進試一下，真銀沉到底，冥間所用頃刻成灰。

　　上面只是舉了幾個例子。總的來說，道教的神仙，以及從民間信仰進入道教的神靈，常常在民間信仰中占有較高的威望，對他們的崇拜地域較廣，有的甚至於受到全國性的祭祀，不像民間信仰常常限於某一特定地域；流行的時間也較長，比較穩定，不像大多數民間的神靈，一時「顯靈」，便得到某一地區人民的崇拜，有時是狂熱的崇拜，但其高潮過去後，便冷落下來，並且漸漸消聲匿跡。像上面提到的玉皇、東嶽，都有了數百年甚至於上千年的歷史，空間上也幾乎覆蓋了全國。而在上一章中提到過的媽祖，本來只限於福建沿海地區，進入朝廷祀典後，尤其是在道教中出現其經書後，便能跑向全國，歷時不衰。

（二）民間信仰的中心場所——名山和宮觀

　　道教的名山宮觀在民間信仰中，常成為一方中心場所，到這些地方朝山進香，參與廟會，經常是廣泛的群眾性活動。有的名山宮觀能吸引幾十里方圓的香火，有的竟能吸引數千里之外的香火。而一般說來，沒有經過道教整合的民間信仰神廟，通常只能在一個較小的地域接受香火，極少有像道教的名山那樣跨數縣跨省乃至於全國性的影響。這一點也與道教這樣的人為宗教具有的優越性相關。作為制度化的宗教，道教名山和古廟常常經過數百年的經營或保護，有數百年甚

至於上千年的歷史，在民眾中和社會上層有穩固的號召力，
那些地方的朝山進香一類宗教活動已經成了遠近民眾的民俗
活動，而且持久不衰，所以有極強的輻射效應。例如江蘇省
的茅山，係上清宗壇所在，如果從主祀的三茅真君上山修道
的東漢算起，已有近二千年的歷史，從南朝時陶宏景入茅山
開始也有了一千五百年左右，而且上清派在南朝歷隋、唐，
至於北宋前期，都是在朝野有重大影響的主流道派，所以其
號召力十分強勁。茅山的香期廟會熱鬧非常，蘇南乃至上海
民眾去朝山進香赴「茅山會」的十分踴躍。即使經過近代道
教衰微的影響，尤其是經過「文化大革命」的幾近徹底的摧
殘，然而一旦恢復宗教活動，遠近香客便紛至杳來，每年香
期，可達數十萬人次之眾。湖北的武當山奉祀玄天上帝，明
以來既是全國有名的道教名山，也是民眾進香的重要場所。
近年，常有臺灣等地信眾來參拜祖庭。湖北省黃陂縣的木蘭
山，也能吸引湖北、河南和陝西省靠近湖北的若干縣的民眾
來進香。上山進香的民眾，有少數「純正」的道教信徒，多
數還是抱著求神明保佑的心態來的，名山宮觀和其中的神仙
只是他們敬仰的諸多神靈中的一位或幾位，香客祈福、祈財，
以及消災去病的功利性目的是主要的。所以在北方許多地方
朝山進香以後有所謂「戴福還家」的習俗，戴上一朵紙紮的
小花（現在又加上各種精緻的工藝品如紅色的繩結之類），算
是將仙山上的福分帶回。上茅山燒香的，舊時常要帶一只黃
筐籬回家 —— 是用山上幾種藥草連綴起來鵝蛋大小的小籃

子，以消災辟邪。

如果要說神仙名山宮觀在民間的吸引力，有一位北方的女神叫做碧霞元君，十分值得討論。她是與東嶽大帝的崇拜相聯繫，或者是從中衍生出的一位在民間有重要影響的神。與南方崇拜十分興盛的媽祖的情形相似，她在北方的名氣可是十分響亮。不過，她與媽祖有一點不同，媽祖是先在民間崇拜，地位高後才進入道教神譜，碧霞元君的出現一開始就是由崇道活動引發的。據說是宋真宗上泰山時，在玉女池中發現浮起一座女神石像，於是封她為碧霞元君。當然也有一些其他的說法，明代學者考證的很多，但沒有形成統一的意見。然而這並不重要。她的出現是宋真宗崇道活動的產物。但她比宋真宗享福，幾百年來，她一直在泰山享受人間香火。一般認為，她是東嶽大帝的女兒，地位自是十分顯赫。她受欽封之後，道教中專造了一部《碧霞元君護國庇民普濟保生妙經》，說她「神功莫測，浩德難量，惠溥天民」，「統攝岳府神兵，照察人間善惡，罪福報應，感應速彰」。這已是夠威風、夠厲害的了。又說她能「保生益算，延嗣綿綿，消災化難，度厄除愆，驅瘟攝毒，剪祟和冤」，在神通廣大中又給善男信女一絲希望。她身邊另有兩個女神，一是子孫娘娘，一是明光娘娘（管治眼疾），大約是民間的俗神，不知何年做了元君的助手。所以企求解決逢災染病、子息不著之類的實際問題而去燒香的人大有人在。碧霞元君在山東人中稱為泰山老奶奶。山東而外，安徽、北京等地也有立祠祭祀的，因為她在

泰山上原來就居於山頂（泰山最高處為玉皇頂，供奉玉皇，而碧霞祠就在玉皇頂稍下側，是除玉皇頂外最高的神廟），所以又被稱為「頂上娘娘」，以後各地建元君廟選址也常在山頂，如北京市元君廟處於西頂、東頂，後亦建於昌平縣妙峰山巔，民眾燒香還願的極多。特別是碧霞元君進入北京妙峰山之後，香火獨旺。當地人稱她為天仙聖母、泰山老奶奶、西頂娘娘。從明到清，北京、天津一帶都有去妙峰山進香的香客。在當時交通不便，人們都是步行上山，有時夜以繼日，民眾打著燈籠火把，遠望上山之路如火龍盤升，一季香會，信眾多達數十萬。妙峰山進香成為京、津重要的民俗活動，顧頡剛等先生於二十年代曾組織調查，其結果編為《妙峰山》一書，為我們留下了極為珍貴的民俗史資料。

（三）民間出神廟會活動的核心

　　道教神仙在民間的廟會、出神等活動中常居於核心地位，就全國性的活動來說，次數上也較其他宗派如佛教及其他神道為多。

　　《續道藏》中有一本《諸神聖誕日玉匣記等集》，載當時〈聖誕日節日期〉，從正月至十二月月月不漏，計有：

　　正月：

　　初一日彌勒佛聖誕；初八日定光佛聖誕；初九日玉皇上帝聖誕；十三日劉猛將聖誕；十五日上元天官聖誕。

二月：

初二日土地正神聖誕；初三日梓潼帝君聖誕；初八日釋迦文佛出家；十五日太上老君聖誕；十九日觀音菩薩聖誕；二十一日普賢菩薩聖誕。

三月：

初三日真武上帝聖誕；十五日趙元帥聖誕、祖天師聖誕；十八日后土娘娘聖誕；二十日子孫娘娘聖誕；二十三日天妃娘娘聖誕；二十八日東嶽聖誕。

四月：

初四日文殊菩薩聖誕、狄梁公聖誕；初八日釋迦文佛聖誕、十五日成道；十八日紫微大帝聖誕、頂上娘娘聖誕；二十八日藥王聖誕。

五月：

初五日溫元帥聖誕；初七日朱太尉聖誕；十一日都城隍聖誕；十二日炳靈公聖誕；十三日關王聖降。

六月：

十三日井龍王聖誕；十九日觀音菩薩成佛；二十三日火神聖誕、王天將聖誕、馬神聖誕；二十四日九天應元雷聲普化天尊聖誕、雷祖聖誕、關王聖誕；二十六日二郎聖誕。

七月：

十三日大勢至菩薩聖誕；十五日中元地官聖誕、靈濟真君聖誕；十八日王母娘娘聖誕；十九日殷太歲聖誕；

二十一日普庵祖師聖誕；二十四日龍樹王菩薩聖誕；三十日地藏王菩薩聖誕。

八月：

初三日灶君聖誕；十五日太陰朝元之辰；二十二日燃燈佛聖誕；二十七日北斗下降。

九月：

初三日五瘟聖誕；初九日葛仙翁聖誕、酆里聖誕、先師聖人聖誕；十七日增福財神聖誕、洪恩真君聖誕；二十三日薩祖師聖誕；二十八日馬元帥聖誕、五顯靈官聖誕；三十日琉璃光佛聖誕。

十月：

初三日三茅真君聖誕；初五日達摩祖師聖誕；初六日天曹諸祠五嶽五帝誕生之辰；初八日（佛）涅槃；十五日下元水官聖誕。

十一月：

十一日太乙救苦天尊聖誕；十七日阿彌陀佛聖誕；十九日日光天子聖誕；二十三日張仙聖誕。

十二月：

初八日釋迦佛成佛；二十九日華嚴菩薩聖誕。

　　上述聖誕日，是綜合了佛教、道教和民間的神道，當然所記是全國性的紀念日，不囿於某些地域，總計七十四個紀念日（其中有一神占數個的，如釋迦牟尼出現三次）。其中狄

梁公(唐狄仁傑)、萬里和張仙是比較典型的民間信仰的神靈，沒有列入過道教的神譜；劉猛將、子孫娘娘、天妃（媽祖，清代稱天后）、都城隍和洪恩真君、靈濟真君等是原來民間信仰或者朝廷祀典中的神，後來歸入道教系統；佛教系統的則有釋迦、觀音、彌勒、大勢至以及普庵、達摩等二十日次；其餘皆為道教系統的神仙。如果將道教神仙和由民間信仰進入道教的俗神加在一起，則有五十一日次，占全部七十四日次的約 69%，在數量上顯然占有極大的優勢。

　　當然，在這些道教的聖誕日中，由於各時代、各地域的差異，影響民俗情形不一，其中影響面較廣而又歷時較長的，計有老君（農曆二十五日）、玉皇（元月初九）、東嶽大帝（三月二十八日）、天官（上元，正月十五）、地官（中元，七月十五）、水官（下元，十月十五）、土地（二月初二）、灶君（八月初三）、火神（六月二十三日）、雷神（六月二十四日）、財神（三月十五日）、碧霞元君（四月十八日）、天后（三月二十三日）、梓潼帝君（二月初三）生辰等等。還有傳說中的得道仙翁或某些道派的祖師的誕辰，如呂洞賓（四月十四日）、邱長春誕辰，凡這些日子，道教宮觀要舉行一定的慶典，鄰近有關各宮觀神廟的群眾也會一同參加迎神報賽的活動。受這些節日的影響，民間還形成一定的避忌、禳解習俗。

二、從三清、玉皇那兒獲得正宗地位的民間神

　　道教神仙在民眾心目中有很高威望，進入神譜的被視為「正宗」神道。因此，一些民間信仰力求向道教靠攏。除了少量進入道教神譜的以外，大多數民俗神實際上處於散漫無序的狀況。但民間對這部分散漫的神祇，往往將他們的來歷說成是源自道教或拜過仙師的。據清代筆記小說介紹，清末在江南一帶神廟的廟祝有向龍虎山天師府為神討封號的做法。一些廟祝為擡高本廟神的地位、神格，往往追求更高的封號。這一做法，不見道教典籍的記載，估計是民間的依託，但從中可以看到，道教組織的道教神譜在民間信仰中舉足輕重的地位。在臺灣、香港等地，習慣上將除了佛教菩薩之外的民間神祇皆歸入道教，也是對道教在民間信仰中核心地位的一種肯定。其中最突出的是，讓民間的俗神到三清、玉皇那裡討封號，或者讓他們拜著名的神仙為師。

　　民間的神靈有許多來歷不明。這裡說的不明，其實有兩種，一種是確實不知道他來自於何處，或者只是從某些小說和傳說中得知有那麼回事，然後將之立廟，塑起神像；還有一種呢，明知他的來歷不怎麼光彩，所以諱莫如深。但他們既然已經成為一時一地人們的膜拜對象，總要有一個合理的而且是體面的正途出身。就像舊時代非要中舉人、中進士才算正途一樣，神明的出身或者是要有朝廷的封贈，或者是要到道教的神仙世界或佛教的靈山去歷練一番。有封號，賜廟額，是從政治權力中獲得認可，與佛道教拉上關係，則是從宗教制度上得到認可，其合法性的基礎由之得到奠定。這幾

種做法，在民間也並不截然分明，因為民間本來就佛道不分，皇帝的金口玉言與仙界的話語具有同樣的權威。

俗神與道教拉上關係的做法，又可以分成好幾種。比較常見的有三種。

一是尊神賜生說，即說某位民間信仰的神明原本說是仙界賜下的仙童或神女。二是有功受封說，即說某位神明生前有功於民，受到太上老君或者玉皇大帝的封贈，成為地位顯赫的正神。三是拜師學法說，即說某位神明曾拜有名的神仙為師，潛心學道，從而成了正果。

這裡不妨分類舉幾個例子。

（一）尊神賜生說

尊神賜生說，在民間信仰向道教靠攏的過程中經常出現，表現了一種比較固定的模式。這種做法，在道教吸納民間信仰的過程中也曾出現，應當是一種雙向互動的形式。在前面提到的天妃經中，就曾談到這一模式。就民間信仰的一方看，將自己信奉的神靈，追述為來歷不凡，是提高其神聖地位的重要的途徑。吳真人吳本的神跡故事便相當典型。吳本在福建和臺灣都是民間信仰的重要神靈，在臺灣，列為十大祀神之一。他被稱為吳真人、大道公，似乎是源出於道教的神，其實開始時，未必與哪一道派有多大的關聯。民間大量的關於他的傳說，都是得神仙點化，故而精通醫藥等，但無法斷定其道派淵源，在道教典籍中也尚未查到其名號。儘管他的

廟有許多由道士管理,因而常被列入道教神仙之列,溯其源,
當初卻只是福建泉州地方民間祭拜的對象。但在其影響擴大
後,則有專門的傳記,記述他不同凡響的來歷。《保生大帝實
錄》說,他出生於同安縣白礁村,先祖世積厥德,修齋行仁,
樂善好施。聖母黃氏玉華大仙,幽嫻貞靜,馨聞上穹,夢吞
白龜,有感而懷聖胎。將次分娩,恍見長素道人、南陵使者,
偕北斗星君護送童子至寢門,說:「是紫微星也。」俄而大帝
降生,五老慶誕,三臺列精,景雲覆室,紫氣盈庭。這些說
法,無非是要證明吳真人本來是上界高仙投生人間,為世人
解救疾病之苦。此類尊神賜生的說法,是民間和道教共用的
造神、認神的方法,具有很大的普遍性。自從中國人接受了
佛教的輪迴轉世的說法,對於某些異人的前生便常常產生特
別的關注。在清代,有一種普遍的說法,異人的產生,總是
因為他前生是星(宿)、精(怪)、僧(修行有素的和尚),民
間享受香火已久的包公,常被說成是文曲星,清後期平息太
平天國有功的曾國藩因為生有皮膚病,每夜銀屑滿床,被說
成是大蟒轉世。現在以尊神賜生的方式來說自己崇拜的神,
與此類心態完全一致。

(二) 有功受封說

　　同樣依託道教神譜的方式,是有功受封型。前面提到,
道教吸收民間信仰的對象,一個重要的辦法是將他(她)們
說成是受到尊神如三清、玉皇的封贈,原因是修行得道,為

民除害興利，建立了功勳。民間也有類似的做法，將某些不知來歷的神靈，說成是得到了元始天尊、太上老君或者玉皇大帝的封贈，因而成為地位崇高的正神。臺灣地區民間祭祀五府千歲，為瘟神系統的「王爺」。據民俗學的調查，其起源是約三百年前有小舟載有六尊綢製神像漂至臺南縣北門鄉蚵寮西方的島嶼南鯤鯓上，後被漁民奉為神，漸成為送瘟儀式即當地稱為王爺醮的主祀神明。不過，當地老輩傳說，五府千歲乃是唐明皇時的三百六十進士中的幾位，因受奸臣陷害，誤中張天師的咒語而死。明皇悔其無辜絕命，悉追爵封王。其中的李、池、吳、朱、范五位，靈魂顯赫不散，雲遊到處除暴安良，其功篤著，感動天庭，玉帝龍心大喜封為五王為代天巡狩，永駐人間燮理陰陽。後在泉州府晉江縣富美宮巡察之時，由信徒打造王船，建醮後恭送出海，不想漂到臺灣南鯤鯓。❷於是那裡成了他們在臺灣的新據點。送瘟儀式本來起於古代的逐疫儀式大儺，南宋時在湖南已有造船送瘟稱五瘟社的做法。以後在各地流傳中，又加上了各地的特色。福建、臺灣地區對送船儀式另有自己的解釋，也是一種結合本地鄉土民情的做法。這且放過不論。五府千歲的崇拜，顯然出於民間，但是在解釋其神性時，又複合了幾種重要的因素。一是其人橫死。在中國古人心目中，橫死者精魂不散，必有奇跡，其鬼或為厲，為害地方，須祭而後安，所以每年

---

❷　參看《臺灣廟宇文化大系・五府王爺卷》，自立晚報社文化出版部，1994年5月，第14–16頁。

都有官府出面組織祭厲；冤屈而死的則常為剛烈正神，如張巡、岳飛等為神將，也有民間細人被害而成神，可以通過一定方式與民眾建立聯繫，如紫姑神通過扶乩與人交往。五府王爺作為枉死靈魂，當然便有不同尋常之處。但是光憑這一點還不足以肯定其為正神，其稱王的合法性仍然沒有保證，於是又有受玉帝敕封一說。這種敕封說，也是民間信仰的神靈被塑造出超凡能力和正途出身的基本模式之一。

（三）拜師學法說

關於拜神仙為師，學道成正果的說法，可以舉兩個女神為例。一個是福建人熟悉的陳靖姑。陳靖姑，本來是泉州一帶奉侍的女神，後來成了閭山派的祖師。不過這一派在南宋時還被南宗五祖白玉蟾稱之為「巫」，看來，他們本在民間活動，在當時的主要道教派別的組織中沒有正式掛靠，即沒有在主要的宗壇中受過符籙。但是，在陳靖姑的故事中，特別說她曾拜許真君為師，以後行道法為民斬妖除怪，並因此犧牲，從而得成正果。閭山派的歸屬，一向不怎麼明確，傳統的三山符籙中沒有它的名號，與清微、神霄等宋明時興起與流行的新符籙派也看不出直接的聯繫，雖然它將陳四夫人掛在許真君名下，似乎與淨明屬於一系，但是它的行法方式、神系擬訂都與淨明差異甚大，實際上是在道教主流之外流傳的派別，人們承認他們是「道士」，似乎也承認是道教的一支了。不過，它的原身是從民間信仰中發展起來的。讓陳靖姑

掛靠許真君，是從民間信仰走向制度化的道教的起點。

　　另一個女神的例子，是女英雄木蘭。在湖北省的黃陂縣有一座木蘭山。木蘭，本來是當地的一位女英雄。古代有著名的敘事詩〈木蘭辭〉，塑造了一個代父從軍的巾幗英雄花木蘭。中國的許多地方都有「木蘭山」，當地的老百姓都說這兒就是木蘭的故鄉。湖北的木蘭，是不是花木蘭呢？實在無法確定，我們去參訪時，發現在木蘭祠前有一塊石牌坊，上書「唐木蘭將軍祠」，唐是她的姓？是她生活並立功的年代？都難確考。也許當地另有一位木蘭，也是位巾幗英雄，這且不管它。反正這座山叫木蘭山，山腰有其祠，其先可能是當地百姓紀念家鄉的女英雄所立，大約算是民間信仰的一種吧。但是，這座山主祀的神仙卻是玄天上帝，最高處稱金頂，明顯受到武當山奉祀玄天上帝的影響。那一矛盾怎麼彌縫呢？民間自有聰明才智加以解決：讓木蘭認玄天上帝為師父！山上玉皇閣下側有一塊峭立的巨石，石上有格子狀的裂紋，像一塊碩大無比的棋盤，所以稱棋盤石。石中心處有一深達百米的透到底的裂縫。道士指點說：那是木蘭經常與師父下棋的地方，但木蘭聰明，常常贏了師父，一天，玄天上帝輸了棋，一生氣，一跺腳，石頭裂了一條大縫。這故事活靈活現，卻沒有經典的依據，看來是民間和當地道士的共同創造。本來與道教不相干的木蘭經過這樣的改造，與明代最走運的玄天上帝掛上了鉤，於是也從民間的神，變成了道教的仙。傳說她生活的村子前面那條河，也便得了個「仙河」的美稱。

（四）天師封神說

　　除了借用神仙的權威，與他們拉上關係以示正統之外，也有借重道教宗壇的權威，對自己所奉的神靈討封，或者提高其神格的做法。清代的杭州，相當典型地表現了吳越民眾的信仰習俗，雜而多端，且不相統屬。據清人陳其元 (1811–1881) 在《庸閒齋筆記》中〈廟鬼慢神〉條記述說，杭州人崇尚鬼神，管廟的人稱「廟鬼」，都是些里中好事之徒。當地對廟中供的神靈，都要擬出姓名，尊以官爵。他居住的十五奎巷，有施將軍廟，說是供宋時行刺秦檜犧牲的小校施全。這廟香火很盛，但將要出會時，卻苦於神的爵位不高。廟鬼便派人帶上三百金，到江西張真人府（按：即嗣漢天師府，俗稱張天師所治之處），為神捐一伯爵。成功之後，乃舉行盛大的出會，所費千金。弄得其他廟鬼都嘖嘖稱羨。陳其元所說的這則軼事，很有代表性。所說的施相公，可能本來是蛇神，但在環太湖流域和杭州附近，受到的崇拜極盛，人們對他的來歷都填以歷史人物，也是為尊者諱的一種老法子。他的地位低，而且根本說來，神仙譜中都無記載。所以要想辦法弄個正途出身，爵號還要盡可能地高。於是有向天師府捐官一舉。天師府有沒有封神的先例不得而知，但道書中提到可以上奏三清、玉帝給神討封，似乎道教宗壇原有此權力。從文物看，「上海縣城隍顯佑伯印」，正是清康熙年間正一大真人所賜，說天師府可以封神又像是順理成章。清代捐官的風氣

極壞，卻也極盛，民間以官場比擬神界，便有向天師府捐神之舉。天師府首肯了，名正言順地平地升為「伯爵」，當然風光異常了。

　　上面提到的各種向三清、玉皇討封贈，或與其他尊神拉上關係，以證明神靈的正途出身，或採用更為簡便也更為實際的做法向張天師捐神爵，實際上都表現了民間對道教神譜的認同，更確切地說，是對道教構築的天庭權威的認同。民間的信仰，並不注重於整個兒的神譜，許多神也根本無譜可查。自己所奉的神，往往便是最重要的神。但是在制度化宗教存於社會的情形下，人們又常會用制度化宗教的某些標準去看待自己所奉的神，若是其出身寒門，地位低下，總覺得不是滋味，因此要盡可能地擡高其地位。將其與制度化宗教道教（當然也包括佛教，但不在本書討論的範圍）掛起鉤來，是改變其狀況的重要途徑。

　　這種向道教靠攏的做法，具體的表現不一，上面說到的恐怕是掛一漏萬。這種種做法，都說明了民間信仰一方面是各禮其神，有時會將自己所奉事的神明擡到獨一無二的高度，似乎在民間出現了無數個至上神，但另一方面，又多多少少地承認著像道教這樣的制度化宗教的優越性。將自己奉事的神明掛靠在太上老君、玉皇大帝那兒，畢竟比自說自話地鼓吹其神性有效。作為制度化宗教的道教，本身就是一股相當大的社會勢力，尤其是在人們的精神生活領域，其地位是靠近二千年的積澱才穩固下來的。同時，道教擁有的社會資源

也極為廣大，信眾之多，上層支持之厚，社會聯繫之廣，一般的民間信仰不能望其項背。我們在前面一章說過，民間信仰對道教來說，長期起著資源性的作用。民間信仰向道教的靠攏，則是利用道教已經擁有的社會和文化資源的表現。它們之間，相互支撐，相互借重，一直處於互動的過程之中。

同時，這種向道教靠攏的趨勢，也表現了民間對宇宙秩序的某種認同。我們知道，民間的信仰，幾乎全處於無理論（教義）、無經典的情形之中。但是，老百姓又朦朧地感覺到了宇宙秩序的存在，正像他們感知到現實的社會和政治秩序必須承認、必須隨順著它的運行一樣。道教則有一個較為系統的宇宙理論，而其神仙譜系，則與這個宇宙系統相適應，或者說就是這種宇宙系統、這種系統的秩序的象徵。最高的神元始天尊等都是最終極的大道的化身，他們在宇宙演化的每一個階段應化而現，傳經授道，「保持劫運」也就是維繫著每一劫❸天地的創立和保持其運行，其間當然便體現了某一些人們心目中的宇宙的根本規律、根本原理。而處於不同職級中的神明，同時也體現了宇宙的等級結構和有序運行。雷神司責罰，財神理財運，城隍土地管當境安寧，閻王老子控制著死亡，南斗星君掌理著生存，而玉皇大帝管理著整個神

---

❸ 天地從成到壞稱一劫。劫的概念係從古印度借來，但道教將之與本有的宇宙演化思想結合起來，認為宇宙處於不停的演化之中，渺渺億劫過去，後面還有不知多少劫，劫劫相續，無窮無盡。學做神仙，就是想超脫劫難，不隨著天地的淪壞而死滅。

界和人間，如此等等，都將現有的宇宙和社會正常運行目標化、神格化。民間信仰所缺乏的對宇宙秩序的表達，在道教的神譜中全面地表達出來。民間信仰的神靈向道教靠攏，其結果是無序變為有序，雜亂變成了整肅，自身所缺的，在另一個更為強大的文化系統中得到了補充。

三、民間傳說對神仙的不同理解

道教的神仙，有明確的宗教屬性，但又有相當多的神仙在民間信仰中占一席之地。民間信仰是複合的，從狹義說，凡是不屬於制度化宗教的信仰對象都是民間信仰的內容，廣義地說，民間信仰是中國老百姓按照自己的理解、在生活習慣中侍奉的一切神靈，即不是出於對某一特定宗教的皈依，而只是為了求得生活的安寧和心理慰藉而膜拜的一切神靈。這其中就包括佛菩薩中的一部分，神仙中的一部分。佛、菩薩、羅漢和諸多的天人、護法，構成佛教系統的超自然崇拜對象的浩浩蕩蕩的隊伍，天尊、真仙、天君、星宿和護法、召役的神將，組成了神仙的無窮數目，然而，上面提到的諸神聖誕，卻只有其中極少的一部分。之所以強調是其中一部分，是因為民間對佛菩薩和神仙的膜拜，只選擇那些與自己生活關係最密切的若干對象，如觀音、地藏王、玉皇、呂洞賓等，當然也包括佛道教的最高的神。民間在供奉他們時，很少顧及他們在整個佛教佛菩薩和道教神仙系統中的原有的

地位、神格。民間的傳說中，對道教的神仙們常常做出與仙譜不同的解釋，給予不同的待遇。這是因為，老百姓本來對神仙的本意不甚瞭解也不求深解。他們重視的是其神性，這種神性能幫助自己解決生活中的具體的、實際的問題。因此，與自己生活關係不大的神仙，儘管地位很高，也不太去注意，與自己生活關係密切的，則會自覺或不自覺地抬高其地位，對其神格做出更能體現自己的感情的解釋。

　　這裡有一個顯著的例子，就是對關帝神格的解釋。前面說過，關帝本來在道門中作為召役的大將出現，明代萬曆年間才升格為帝。但是無論他是什麼「帝」，最高也不過是「協天大帝」，地位總在玉皇之下。到了上世紀最後的二十來年，臺灣的乩壇則說他已進位玉皇。為什麼會有這種變化？因為民間的造神運動，有時從佛教、道教和其他制度化宗教中選擇若干崇拜對象，卻不全部顧及他們或她們在原來的制度化宗教中的位置，原有的對他們的神格的解釋。有的民間信仰對象，從民間進入了制度化的某一宗教，像這裡所討論的關羽稱之為「帝」，就是在道教中享受的「待遇」。借重著道教的廟宇宮觀，道教在社會上的聲威，對於關帝的崇拜穩定地傳播、流行開來，然而，這並不排斥民間對他的神格、神界的地位，做出老百姓自己的解釋。用乩辭表達出來，不過是沿用了「神聖話語」的權威。

　　在浙江的麗水地區（古稱處州）多奉溫太保為驅瘟疫之神。傳說，神是唐代溫州平陽人溫瓊，發現井水有毒，就投

井而死以引起百姓注意，當人們打撈起溫瓊中毒發黑的屍體，才知道井水有毒，感其恩德，立廟祀之，被皇帝封為忠靖王，太保是俗稱。古處州的各地都說溫瓊死在本縣某井中。❹其實，溫瓊是道教的神將之一，《道藏》中有《地祇上將溫太保傳》，述其神異。大要說他本係凡夫，溫州平陽人，曾有軍功，後得東嶽炳靈公點化，死後成為東嶽府中的太保。其主要功績在於斬妖捉怪，對付瘟鬼只是其神通之一。傳中雖然提到受虛靖天師（北宋末第三十代天師）向玄帝保舉云云，實際上虛靖時玄帝之名還沒有出現，溫傳顯然是後來的虛構。其出現實際在從宋至元傳承才顯豁的地祇法，即以召役東嶽（屬於冥司系統）神將為主的法術，主要內容是考召（一種召致鬼神考問作祟緣由並加以處分的法術，常要用兒童或其他自我意識較易控制的人，使鬼神「附體」招供），有關的科儀在《道法會元》中仍可查見。關於溫瓊化身於東嶽廟前，其傳說是炳靈公點化，讓他塑一自身像於東嶽廟前，看到像化為青色，便是化去成神的日期。後來有一人知道此事，便做了場惡作劇，將像塗成青色，又在嘴上插上兩根豬獠牙。溫一看，以為死期已到，便回家準備化去，結果真的化成青面獠牙的猙獰面貌。初無投井之說。不過在《溫太保傳補遺》中，提到溫瓊成神之後，一次玄帝讓他下毒懲罰下民，他想到這樣會招致千百人失去生命，便將毒藥自吞，再向神自首。這

---

❹　參看吳真：〈遂昌廟祀神考析〉，載《中國民間文化·地方神信仰》，學
　　林出版社，1995年。

一說法,很可能是在有關溫瓊的法術流行後民間產生的傳說,然後再被道書採納。投井說,大約又是這一故事流傳後,民間將其事件、地點本地化的產物。在《地祇上將溫太保傳》,一再以溫瓊的名義說,不得對他立廟祭祀,但是,在麗水地區卻有不少太保廟,遂昌縣且以壽光宮原址改建成太保廟。而壽光宮原是供奉太上老君的大宮觀,卻弄得老君之祀廢,太保之廟興,在道教,是完全不允許,通常也不敢做的。原因很清楚,民間信仰者即使奉祀道教的神將,也可以不依照道教原有的神仙譜系,而可以做出自己的理解。溫太保從地祇上將即地祇法中的一員役使將吏,變成了驅瘟神,就是民間塑造的結果。民眾按照自己的需要去理解神靈,在沒有一種宗教獨尊的中國,是經常性地發生的,也是無法遏止的。

　　不僅如此,民眾還經常性地依照自己的感情,依照自己的生活經驗,去理解神,描繪神,而將道教的神仙譜以至於戒律規範都放到一邊。這裡且舉一個例子。唐代為抗擊安祿山而犧牲的張巡,道教中將之奉為東平元帥,也是地祇法中的一員重要神將。但在民間,人們卻有另外一些說法和做法,而且地域差異極大。在浙江的龍游,他被奉為「毛令公」,紅臉官服;在江蘇的南通,他被奉為都天大帝,主管驅瘟,青面青鬚,面目猙獰,其在神界的職司,與道教的界定完全不同,而且是各地各自解釋,各奉其是。尤其是龍游縣的毛令公,還惹了點風流債。據說,他的面色,本來是白的。但一次,在出巡到某村時,他看上了一位美貌姑娘,便夜夜與她

幽會，鬧得姑娘一天天憔悴。她母親知道了這蹊蹺事兒，便讓女兒偷偷地用線穿在他的袍上，白天沿線索人，終於在神身上發現了鐵證。那母親大怒，跑上去狠狠抽了他幾個耳光，毛令公的臉一下便變成了赤紅色，不知是那母親手重還是神自覺理虧。這樣，毛令公便成了那一小村的女婿，每年他被擡著巡行全縣，到了那村，雖然會比約定的時間多停幾天，鄉村人大抵無異議——因為神是那村的女婿。按：依道教的戒律，包括為鬼神擬訂的律條，毛令公此舉無疑犯了淫戒，在仙界是應受處罰的；而且，道教素來視「調戲」婦女的鬼神為邪，他們所擬定的考召法，重要的對付目標，就是這類鬼神。大凡有女子或青年男子因性心理或性生活失常，鬧出與不明不白的觀念中的「人」或神戀愛即古代稱為「鬼交」的病症——現代醫學上稱為精神病，民間多稱花癡，——常常求助於道士，請法師來考問何方神聖作怪，並加以相應「處分」。民間信仰卻不管這一套，照樣給人神戀愛留一點人情在那裡。龍游的毛令公，還與該縣的城隍神拉上了親戚。那裡的城隍神，據說是明代大將康茂材，不知怎麼的，民眾稱張巡是他的娘舅，也許幾百年的時差，在神界算不得攀親的障礙。每年城隍老爺都有一個例行節目，到橋下地方去會娘舅，也就是與毛令公一敘親情。鄉鎮重親情，常常走上二十三十里地，找個村民閒聊，說著說著，發現相互有著拐十七八個彎的親緣。所以鄉里鄉親，地緣與親緣還真是難分難捨。民眾用這樣的心態去看待「神際關係」，便有了讓神攀親的做法。

　　前面說到的這些例子，都說明了一點，就是民間對原出於道教的神仙，或者被道教吸收了的其他神明，都會不顧他們在仙譜的位置，另外創作出有關的神話、傳說，依照自己的理解造出一些新的說法。

　　這種情況，說明民間信仰儘管受到道教的制約，但並不能完全與道教統一。原因在於，民間信仰與道教一樣都以對神靈的信仰為基礎，但是兩者的最終目標並不一致。作為制度化宗教，道教有嚴格的戒律，有規整的神仙譜系，而且有一個明確的得道成仙的追求目標。而民間信仰的要義，乃在於神靈的靈驗，能夠保佑生活平安，諸種願望得以實現。對於道教的神仙，大多數民間人士看重的，也是他們的靈驗，或者身上表現的理想人格。

第四章

道教與民間信仰崇拜方式的差異

作為道教徒自身的追求，是力圖躋身於神仙世界，
對著神靈的種種膜拜，乃以對大道的皈依為核心。
而民間信仰是基於對神靈佑護的祈求，
一旦願望實現，又要實踐自己的諾言，去獻供還願。

　　道教與民間信仰在內容上是交叉的,部分對象是重疊的,正因為此,有時人們習慣成自然地將民間信仰看成道教的一部分。其實,道教與民間信仰有交叉,但又有重大差別。從宗教的發展形態上說,道教屬於人為宗教,民間信仰則是民俗的一部分,稱為信仰習俗。用民間信仰的某些做法和特徵來看待道教,容易在理論上降低對道教的評價,因此,研究道教與民間信仰的異同,特別是其間的差異,是極重要的。這種異同,表現在許多方面,其中一個重要方面是在崇拜方式上。道教是一個有著極其嚴格的規範的制度化宗教,有豐富的也是編寫定型的儀式。它的儀式,道門中或稱科範,或稱儀範,也簡稱「科」。記載各類科儀的書,或稱「定制」,也常稱為某某法、大法。這裡討論其儀式,稱儀式,或科儀,以與下文還要討論的法術相區別。崇拜方式,當然不限於儀式,但其表現主要在於儀式。從儀式的有無、寬嚴很能看出道教與民間信仰的區別。總的說來,民間的信仰一般都缺乏規範的儀式,或者從儒道釋三家和民間的禮節中東鱗西爪地採擷一點兒方法,沒有自己的特徵。當然,道教與民間信仰在崇拜方式上有相異的一面,也有相互靠攏的一面。因為道教畢竟在民間活動,其儀式中不能不體現出尋常百姓的情感、審美習慣和理解水平。所以,道教儀式,尤其是那些主要為民眾服務的儀式中,會盡可能地吸收一些民間的形式。

一、對神靈的不同祈求
——道教與民間信仰崇拜方式差異的出發點

同樣面對神明表現著種種敬禮、膜拜，但道教徒和一般民間信仰間，在目的指向上有著重大差異。這種差異，是造成二者崇拜方式歧異的起點。

道教是有明確宗旨和系統教理、教義的。作為道教徒自身的追求，是力圖躋身於神仙世界，對著神靈的種種膜拜，乃以對大道的皈依為核心。比較早地成熟的靈寶齋法儀式中，有燒香祝願的環節，表示參加儀式的，都燒香歸身歸神歸命大道，但將有關的功德轉歸自己的七世父母（今人習慣稱七世祖先）、帝王國主君臣以及同學道士和賢人，最後才祈求歸於自身。而對自己的期望，則是「得道之後，升入無形，與道合真」。❶以後，在各類齋醮和一般的誦經時，祈禱「形神俱妙，與神合真」，幾乎成為定式。這些情形，鮮明地表現了道教在對尊神的崇拜和相應的儀式中，基本的目的，是自身的解脫，最終躋身於所嚮往的仙界，而世俗的願望則被壓縮到最低的限度。同時，在南北朝時，道門中又發展了「無量度人」的思想，宣稱皈依大道，便可濟世救民。濟世度人，既是對大道不可思議功能的信賴，又是道教徒廣結陰功以祈

---

❶ 參看《太極真人敷靈寶齋戒威儀諸經要訣》。

尊神超撥自己的一種途徑。度人和度己是統一的。

　　而民間信仰，主要是基於對神靈佑護的祈求，而這種祈求的內容，又是紛紜複雜的，大抵是生活中有什麼困難，便有何種祈求，如無子的祈嗣，缺財的求財，想功名的祈祿——所謂燒香許願，即是以許給神靈某種報償讓神明滿足自己的願望，而一旦願望實現，又要實踐自己的諾言，去獻供還願。這樣，在民間崇拜中，極少「度人」的追求，「度己」而皈依的情形也很少。實際要擺脫的，只是現實中的具體困難。所以，民間崇拜帶有很強的功利色彩。對此，早期道教曾斥之為妄祀求福。

　　東漢末創立的正一盟威道教以《老子》五千言為經典，教導信徒，傳為張陵（一說為張魯）寫的《老子想爾注》稱：「行道者生，失道者死。天之正法，不在祭餟禱祠也。道故禁祭餟禱祠，與之重罰，祭餟與耶（邪）通同」，「有道者不處祭餟禱祠之間也」。所謂「行道」，是一個廣泛的概念，又是一個有極強宗教約束力的概念。行，有奉行、執行諸義；而道在道教中有明確的解釋，它既是宇宙萬物終極的本原，又構成一切、賦予一切存在物生存依據。就前者言，它是一個無形無象、清虛洞達的唯一者，散開來是氣，聚合起來就是尊神。道的化身不止一位，而是有元始天尊、靈寶天尊、道德天尊（即太上老君）等為首的一個群體。同時，道教強調大道無形，設為經教，方能推行，這樣「行道」的內涵中便將皈依大道、禮拜天尊和遵行經教統一起來。以後，道教

的各類道場統稱「行道」。即是說，種種齋潔醮祭的儀範都是
以皈依大道為核心內容的。這種企求，當然與民間的求神邀
福有很大不同。而所謂「祭餟禱祠」是民間廣泛奉行著以禱
神求福的老辦法，餟，通醊，原指祭祀時以酒酹地，也泛指
（以酒食）祭奠。禱祠，即向神明祈求福佑。道教形成以前，
這類求福的方式廣泛流行，道教形成之後，它仍然是民間崇
拜的重要心理基礎和表現形式——直到現在，民間仍然有以
酒、雞、豬蹄等食品祭拜神明以求福佑的習慣。所以正一盟
威道這種與民間聯繫緊密的道派要提出一些與之區別的觀念
和辦法。上述《老子想爾注》中的話正是其觀念的表現。

　　不過，生活在民眾的汪洋大海中的道教，極易受到祭禮
僅僅為解決眼前困難的習慣勢力的衝擊，一部分宗教職業者
和信徒降低素質，忘卻了「行道」的本義。所以歷代高道，
都注重重申其教誡，將那種散漫的、僅僅為邀福而祭祀的做
法提升到有組織的、預先制定的科儀的規範中。南朝陸修靜
（406-477年）《陸先生道門科略》開宗明義，就是闡釋這一
點，他說：「大道虛無寂靜，沒有任何形貌，最偉大的聖人將
大道體現在行為上，所以用言語教化加以寄託。（夫大道虛寂，
絕乎狀貌，至聖體行，寄之言教。）」而太上老君看到下古之
時，世道離開原有的純樸，「六天故氣」❷邪神們糾合各類精
靈、橫死的厲鬼，以及亂軍死兵，「男稱將軍，女稱夫人，導

---

❷　六天故氣，已經過時被廢的邪氣。《道典論》引《太上太真科》說：「魔
　　王邪醜，皆被廢黜，雖得重行，悉名故氣。」

從鬼兵，軍行師止，遊放天地，擅行威福，責人廟舍，求人
向祀，擾亂人民」，而民眾「宰殺三牲，費用萬計，傾財竭產，
不蒙其佑，反受其患，枉死橫夭，不可稱數」。因此太上患之，
特意授予天師正一盟威之道，以及禁戒律科，用來檢校萬民
行為的逆順善惡功過，令知好惡，設立二十四治（治，當時
天師道的教務管理機構，有二十四處），三十六靖廬（靖廬也
稱靖，是天師道徒進行宗教修持的靜室），內外道士二千四百
人，下千二百官（天師道召役的天將神吏），章文萬通，誅符
伐廟（誅殺邪鬼的道符，征伐邪神盤據的祠廟的法術），「殺
鬼生人，蕩滌宇宙」，使周天匝地，不得復有淫邪之鬼。而且
以清約治民，「神不飲食，師不受錢」，使民眾「內修慈孝，
外行敬讓，佐時理化，助國扶命」。依照正一盟威道的規定，
天子祭天，三公祭五嶽，諸侯祭山川，一般的民眾可以在規
定的時日祭祖先，二月八日祭灶神，其餘時間都不能妄祭。
據此，道教科教儀式的由來，是在虛寂的大道「寄之言教」
的結果，本來那種民間禱祠求神福的方式，被責斥為「三五
失統，人鬼錯亂」、「六天故氣」作祟的表現，而正一盟威道
教的禁戒科律恰是針對其種種不良後果而設。其中最重要的
是對那些責人祭祀的邪鬼神和民眾中相應的祭祀求福的行為
的糾正和重新規範。然而據他後文說：「今之奉道，是事顛倒，
無事不反。」而某些道教組織的神職人員，也有忘其「行道」
本意，導致「唯高尚酒食，更相衒誘（相互炫耀和誘惑），明
科正教，廢不復宣，法典舊章，于是淪墜」。那樣，「元綱既

弛，則萬目亂潰」——大綱領已經鬆弛，那些細目當然錯亂潰散了。於是，道士「不知科憲，唯信賕是親，道民不識逆順，但肴饌是聞，上下俱失，無復依承」。這兒所說的「信賕」，原義是指道民向大道「捐獻」的信禮，比如早期正一盟威道入道者及符祝治病癒後，皆要交五斗米，以致被外界稱為「五斗米道」。魏晉以後，信賕的內容要多一些，大約和有相當的上層人士入道有關，在受籙時交的信物中有金環、金鈕等貴重物品。但其義仍在表示入道者對道的誠信。陸修靜斥責的「信賕是親」，則是將收取錢財作為吸納信徒的動機；信徒則「肴饌是聞」，赴道會變成了聚餐會。所以陸修靜要嚴加檢束，強調道民赴一年三次的道會（後演變成三元日），既是祭祀尊神的盛會，同時又是接受尊神（三官）檢校功過的日子，將祭祀與皈依大道重新統一起來。

　　陸修靜之後，強調對祭祀尊神的主旨和方式加以整頓的道教領袖人物歷代都有，但由於道教處於民間的環境，它與民間崇拜方式的交織不可避免。這種整頓的收效，基本上只表現在對道教徒本身的約束力上，對於進香的民眾，則沒有實質性的作用。

　　從上面的敘述看，道教對神明的崇拜，其目標指向是專一的——至少教理上如此——即是皈依大道。自然，道教也許諾著尊神的賜福和解釋厄難。《靈寶無量度人上品妙經》中稱禮神誦經有種種功德，有種種獲福呈祥、災禍消滅的奇效，總括起來叫「無量度人」。但其要旨，仍在「飛升上清」，求

得解脫。所以「無量度人」仍離不開皈依大道的核心。同時，為滿足一般民眾的祈求，道觀中往往塑出一尊尊偶像，其中有不少職司之神，如財、福、祿、壽、醫、子嗣等神。不過所有這些，都置於大道化身三清四御為首的神仙譜系之中。道教也吸納過一些民間神，但一般都是經過選擇，並納入神譜，給他一個神仙職位，有時還造出相關經書及崇拜科儀。對於譜系以外的神靈，則常視作異端或淫祀，加以排斥。民間崇拜的目的指向是散漫的。民間崇拜在對象上往往越出道教的神仙譜系，大抵是只要「靈驗」，不論何神——包括被斥為淫祀的精怪、邪神——照樣磕頭。舊時江南一帶的習俗，正月初一要燒十廟神，無論仙、神、佛的殿堂，乃至地方神、自然神皆一樣禮拜如儀。因為從根本上說來，燒香的目的只在求平安，絕沒有皈依某一宗教的虔誠。

二、儀式的規範
——道教與民間崇拜差異的外在表現

由於道教有明確的宗教指向，使得它有可能形成比較穩定的、系統的、內涵明確的祭祀禮拜儀式，而民眾崇拜散漫的、功利性的特點，在祭祀方式上也難以形成穩固的、有序的程序。

道教初起時便有各種齋戒敬神的儀式。特別是張道陵所

創的正一盟威道教和稍晚一點形成教團的靈寶派，更加重視
此類儀式的編制、完善。復經歷代的補充發展，當然也有此
消彼亡的演變，形成由齋、（誦）經、（拜）懺、煉度等等構
成的龐大的儀式體系。內中有些是專供道士本人或集體的宗
教修持之用的，也有不少是為各階層人士敬禮神明、祈禱國
泰民安、物阜人豐而設的。這些儀式，有相對固定的結構，
行持有嚴格的操作規範。著名的道教理論家、道教儀式發展
史上的重要人物陸修靜，稱此類行持方法為「法」。「法者，
規矩之謂。總稱曰法，規圓矩方，萬物以之得正者也。」❸所
以他要將各種儀式編成定本，以作「規矩」。這類法，後來常
稱為科儀、科範、科條，歷代編成「定制」，在崇拜尊神時，
作為規範的程式，制約著道教徒的活動。如違制，則要受神
罰，晉道士王纂《太上洞淵神咒經·步虛解考品》便有「修
齋設醮不依科儀之考」，考，本意是考校、考勘，即由神來考
核其功過，有過者並加以處罰，道門中則制定出一些懺悔和
其他補救措施。

　　道教科儀的結構相當穩定。以齋法為例，道教齋有不同
類型，具體內容也有不同。齋儀中所啟神、所奏事不一，但
其儀式結構大致相同。通常從立法壇開始，然後進入正齋，
最後以設醮散壇結束。其細目，據《靈寶玉鑒·齋修節次門》
分二十餘目。其序為：先做設齋的預備，包括在建齋前擇日，
預先飛奏三天，齋戒沐浴等；然後次第分燈列炬、鳴金振鐸、

❸　《洞玄靈寶齋說光燭戒罰燈祝願儀》。

敕水禁壇、啟聖祝白、建立諸司、寒林茭郭、祭祝龍吏、建幕啟玄、設官分職、列職結盟、科禁罰簡、啟奏師幕、捲簾化境、建壇宿啟、進拜章表、頒告符簡、進供冥官、燃燈破獄、追攝魂魄、列幡敷化、沐浴淨穢、更衣朝參、咒食獻供、施食接濟。此處主要就靈寶濟度超撥的齋科而言。「進供冥官」以後各項，其他齋中或不用。就在壇場上的每場儀式而言，杜光庭《道門科範大全集》所載，主要有以下這些關目：升壇、各禮師存念尊神、宣〈衛靈咒〉、鳴法鼓、高功發爐、請稱法位、宣詞、香供養、禮方、懺方、重稱法位、發十二願、繞壇步虛、存神燒香、高功複爐、出戶。凡設醮行道，另加上散花等。醮儀的情形也差不多，結構穩定，結構中每一因素做法又有定式，如上章奏用的青祠，其四六文體沿用至今，成為定格。在長期的流傳中，或者有傳抄失實、殘缺、錯訛等情，特別是道教長期在民間流傳，有時為適應民眾的宗教意識、審美情趣等等，會吸納一些徇俗的做法，但歷代都有高道，出為訂正。明以後，道教衰微，科儀缺失嚴重，但一般道士在行法中仍盡量遵古法，有不明白的，往往查閱《靈寶度人大成金書》等作為定式。

　　民間崇拜，也有若干儀式。在某些場合，比如地方的平安清醮中，因為是請道士主持，所以道教的醮儀以及送瘟儀，常居於中心地位，而配之以民間習慣的演戲等酬神方式，但在由民間人士自己主持或奉行的崇拜方式中，隨意性相當突出。民間的「拜拜」、「燒香」，禮儀參差不一不用說，就是一

些民間巫師或準巫師（如浙江嘉興的「贊神哥先生」）主持的敬神儀，有的儀式不嚴，有的以娛樂為主，有的只沿襲古代巫術中歌舞酬神的老法子。

由巫師主持的祭祀中，往往以歌舞娛神和降神。先秦的情形不用說了，就是在道教地位尊隆的唐代，也沿用著這老方法。李賀曾用詩歌的形式寫下一幕女巫以彈唱召神受祭的場面：

> 女巫澆酒雲滿空，玉爐炭火香鼕鼕。海神山鬼來座中，紙錢窸窣鳴旋風。相思木帖金舞鸞，攢蛾一啑重一彈。呼星召鬼歆杯盤，山魅食時人森寒。終南日色低平灣，神兮長在有無間。神嗔神喜師更顏，送神萬騎還青山。❹

這裡，女巫所召祭的鬼神十分龐雜：海神、山鬼、星宿、山魅都在其中。那方法也極簡單，由女巫主持，燒香澆酒焚紙錢，而其主要方式，是彈唱。所謂「相思木帖金舞鸞」，指用相思木（紅豆樹）做的琵琶，用金色繪著飛舞的鸞鳥。「攢蛾一啑重一彈」，是說女巫蹙著眉頭，口出一言，撥彈一聲，大約便是召神的號令了。召神由她，神降與否也全由她示意，「神嗔神喜師更顏」，極傳神地表現出這一點：所謂神的責怪、喜悅，全在巫師臉部表情上！這種沒有嚴格儀式規範全由巫

❹ 李賀：〈神弦〉，載《全唐詩》卷三百九十三。

師說了算的敬神方式，隨意性很大，所以往往容易變成以騙
取信徒錢財為目的的純迷信活動。清王琦《李長吉詩歌彙解》
以為，唐時巫師之狀，大率如此詩所云。不僅是唐，以後沿
襲的民間的太媽、仙姑、神漢、蠻師等等主持的敬神方式，
基本上也皆如此，只不過彈唱的內容和形式歷代有所變化，
如明清後寶卷盛行，敬神多唱寶卷。至於召神、下神皆由巫
師充當其職，幾乎沒有什麼變化。

　　當然，民間的巫師也會吸收一些道教科儀中的做法，將
以贊歌娛神祈福的方法做得更規則一點，但其拼湊各種宗教
（主要是佛道教）和民間巫術的雜色卻是無法塗去的，比較
典型的如流行於浙江杭嘉湖地區的所謂贊神歌賧佛。通常是
農民們為祈求神靈保佑五穀豐登、六畜興旺、家丁安康、流
年吉利向神佛許願，待祈求的事情有了結果，便擇吉舉行還
願儀式，稱為賧佛，以其主要方式為唱「神歌」，故又稱「贊
神歌」。佛，此處為各種仙、佛、神靈的泛稱。一般在該戶家
中舉行，正廳擺開若干張八仙桌，分別供三牲、瓜果、糕點、
香燭。桌後方供神位，即用厚紙印各種神佛圖像，摺疊成屏
風狀，俗稱「馬幛」。一般設五桌，稱上筵、中筵、下筵、東
筵、西筵。上、中、下筵在正廳中軸線上依次排列；上筵在
最後面，三張八仙桌疊高而成；中筵居中，兩張桌疊成；下
筵在前方門口，和兩面側的東、西筵各為一張八仙桌，整個
擺設類似廟宇結構。也有設七筵、九筵乃至十三筵。每筵所
列神佛相當蕪雜，屬於佛教系統的有三世如來、普大士（觀

音);屬於道教系統的有玉皇大帝、三元大帝、玄天上帝、賜福財神、關聖帝君、南極仙翁、正乙玄壇(與財神重出)、值年太歲、城隍、土地等;屬於該地俗神有施王正神、張老相公、順風老太、蠶花五聖,甚至列入鐵扇公主等小說中的神靈,總計四、五十個。將他們按照民眾心目中的品秩排定座次,稱為排筵。儀式由「騷子歌」歌手主持,以唱為主,其歌詞及唱歌順序中糅合了道教科範和民間儺禮的一些做法。先唱〈通神〉(發出符書通知各種神、佛前來赴筵),再唱〈贊符官〉、〈接神按位〉,然後唱〈拈香進酒〉,接著再唱「神書」,如〈賣魚觀音〉、〈韋陀〉、〈玄天上帝〉、〈壽星〉、〈錢郡王〉等。演唱過程中同時舉行點香燃燭、斟酒、上供、禮拜等儀式,每天下午三時許始唱「湯節」,有生活歌(如〈農夫湯書〉、〈懶惰阿嫂〉等)、時政歌(如〈剪辮子歌〉、〈東洋人打進來〉等)、長篇敘事歌(如〈白蛇傳〉等)。時間少則一天一夜,多則七天七夜不等。最後歌手選唱〈發舟〉和〈送神〉,並預先準備好的一只紙紮的「龍舟」送至野外焚燒或送入廟中存放。末後一節,其涵義與通常由道士主持的送瘟遣舟儀相同,做法亦相類。贊神歌中吸收道教的科儀雖有部分表現,但基本上是道、佛、巫雜糅,與道教儀式的嚴格「規矩」仍有很大距離。

道教儀式的規範,還與對神靈的地位、職司的明確規定有關。依照道教的仙譜,最高神為元始天尊,其下依次為太上大道君即靈寶天尊、太上老君即道德天尊,三者合稱為三

清。三清之下，有玉皇大帝、勾陳、紫微大帝和后土皇地祇，
合稱為四御，或者將玉皇單列，另三御加上南極長生大帝，
稱為四御。這樣便形成三清、玉皇、四御的道教主神系統。
在其下，再安排進各級仙真、神靈。由於道教在主神的主導
下實行多神崇拜，所以神仙的數量是十分龐大的。況且，成
仙得道的與日俱增——至少在理論上是這樣，民間的俗神又
源源不斷地補充進神仙的隊伍，同時又有某些仙真隨著崇拜
他們的道派在歷史上消失，漸被遺忘，或者某些受到皇室褒
揚的民間神，隨著皇朝的更替而退出殿堂——一個顯著的例
子是明代永樂皇帝對之十分尊崇的福建地方的兩個神，據說
是五代時徐崇恩的兩個兒子，永樂帝封他們為洪恩靈濟真君，
其祀盛極一時，但明亡後沒有人再認真地對待這兩神，除非
像我們這般專門的研究者——所以歷代仙譜的內容並不完全
一致。儘管如此，在祭祀和其他儀式中，對神仙等級、地位
的規定還是必須遵守的。就拿道教中最崇高的儀式周天大醮、
羅天大醮和普天大醮說吧，每一大醮所要祭祀供奉的神靈分
別達到三千六百份、二千四百份和一千二百份，那樣龐大的
神群，如果沒有一個統一的神譜作為基礎，豈不成了亂紛紛
的烏合之眾？事實上，羅天大醮等醮儀雖然祝禱神以千百計，
但上啟的主體仍是這樣幾個主要的神靈，其餘的則一筆帶過：

　　（上啟）虛無自然元始天尊、無極大道太上道君、太
　上老君、高上玉皇、十方已得道大聖眾、至真諸君丈

人、三十二天帝君、玉虛上帝、玉帝上帝、東華、南
極、西靈、北真、玄都玉京金闕七寶瓊臺紫微上宮靈
寶至真明皇道君、三十六部尊經玄中大法師、上相、
上宰、上保、上傅、太平下教二十四真人、西城總真
王君、太乙真人、東嶽上卿司命茅君、定錄保命二真
人，洞府得道神仙、三界官屬、一切真靈。

從這些尊神的地位看，元始等前三位的即平時說的三清，以
他們為首，再置玉皇，下加其他地位崇高的高級仙真，至於
其他洞府神仙、三界官屬（按：如龍王、雷神、冥官等，其
中頗有來自於民間的神靈）和一切真靈，只是附在後面總體
上交代。神仙的等級和職司，是各類醮儀尤其是大醮儀設神
位的依據，而在此基礎上的早、午、晚一日三朝更有嚴格的
儀式規範。《道藏》中有〈羅天大醮早朝科〉、〈羅天大醮午朝
科〉、〈羅天大醮晚朝科〉及〈羅天大醮設醮科〉，對之做了具
體規定。其他的道教儀式也是這樣。

而民間的祭儀中，往往對所祀之神的神格地位做出隨意
的解釋和安排，有時甚至於讓不同來源、不同等級的神靈稱
兄道弟。舊時杭州西湖邊上有時舉辦保沙會，各廟的神像都
擡到湖邊瑪璃寺前，諸神持帖互拜，觀音大士的名帖上寫著：
「愚妹觀世音斂衽拜」。記述這事的文人覺得很好笑，而民間
未必知道其間的可笑之處。原來觀音本是西方極樂世界中阿
彌陀佛的助手（協侍），本非女神，到了中國後才被塑造成救

苦救難的「觀音娘娘」。自稱「愚妹」，便是民間人士依自己
生活中的民情世故加以想像的結果。將三教九流的神靈、菩
薩、仙真攙到一起，一是出於民間信仰的一種心態：祭神多
多益善，不管他們來自於何處，總要一視同仁地都上一炷香，
有了地方上的災難或者預防災難，還是要全部當境神明都請
到為止。而民間的對神的設廟立祠，只要「靈驗」，都給予一
席之地。而且，可能限於財力、土地等原因，民間，尤其是
鄉村裡的祠廟常常一廟多神，也不論他們是否歸屬於同一宗
教。浙江南部的山區，有時關帝廟中也供奉觀音菩薩，佛寺
中有時端坐著福建閭山派的祖師陳氏夫人（陳靖姑，不過那
裡的民眾多不知她的名號，只以夫人稱呼）。另一個原因，是
受了像《西遊記》、《封神演義》一類小說和民間戲劇的影響。
神明之間「互拜」的做法就有很強的戲劇性。民國時期，胡
樸安 (1878–1947) 先生編纂的《中華全國風俗志》下篇卷五有
一則〈閩人佞鬼風俗記〉提供了很有趣的資料，且不憚煩冗，
徵引幾段，或者能對我們瞭解民間祭神時的心態會有所幫助。
那書上說：

閩人最尚階級，平民與紳士，其門第身分之相差，不
可以道里計。因之閩中神道階級之嚴，亦足為各省冠。
每年七八月間賽會，凡高級之神道，其出也必以輿，
中級以下，皆步行於街路之中。神道能步行，可謂奇
絕。

又說：

> 閩神位分最大者，若武聖廟之五公、瘟部尚書、郭聖
> 王、三仙姑、齊天大聖、東嶽帝、炳靈王、包孝肅、
> 省城隍，一切等神，皆有坐轎之資格。其位分之至卑
> 至賤者，莫如長爺矮爺，蓋即黑白無常鬼也，其身分
> 與皂隸相等。每逢賽會時，橫衝直闖，皆長爺矮爺也。
> 蓋每廟如（皆）有一長爺矮爺，故此輩發現於街路中
> 者為最多。而閩人詒事長矮爺，較他神為尤長。

最奇特的，是神與神相遇時的應對了：

> 當七八月間，城鄉各集，皆奉神出巡，有時途中神與
> 神相遇，有一定之儀注，及問答之信語。神不能自言，
> 以香頭代言之。香頭戴羽纓之涼帽，衣葛紗或夏布之
> 開啟袍，束以扣帶。追隨與神之旁，當神道相見時，
> 此香頭不啻神道之代表也。譬如省城隍途遇瘟部尚書，
> 則城隍之輿，停於路旁，尚書則停於路之中央。於是
> 此城隍之香頭，代表本神，趨前行三叩禮，仍跪啟云：
> 「卑神不知聖駕到此，接駕來遲，罪該萬死，要求殿
> 下恕罪，並賜教訓。」斯時瘟部尚書之香頭，挺胸凸肚
> 而言曰：「免罪。今日本爵出巡，到貴城隍轄境之內，
> 家家戶戶，信奉神聖。一路之上，祥光擁護，疫氣毫

無。所有散疫小鬼，早已逃避外國。足見貴城隍辦事
認真，可喜可嘉。本爵明日面奏玉皇，還要保奏一本。」
城隍香頭跪云：「謝殿下栽培。」瘟部尚書之香頭云：
「這是本爵應分之事，不消謝得。此後務須益加勉力
不負玉皇萬歲為要。去罷。」有時途遇步行之中級神道，
則中級神先在路旁站班，及接近神輿則屈一膝請安。
斯時貴神教訓之詞，益加嚴囑，彼步行之小神，祇能
「是、是、是」答應而已。有時東嶽之太子炳靈王，
或武聖五公之太子出巡，遇見貴神，則口口聲聲稱呼
老伯，執子侄之禮甚恭。此等發噱之事，筆不勝書。

福建人的這些舉止誠如《風俗記》作者所言引人發噱，不過
就社會心態而言，畏神與畏官本是從同一社會制度下成長發
育的愚昧心理，在賽神中香頭既為神的代言人，遂把人情世
態無所顧忌地表現了出來。那些神道對答之語，大約是鄉人
從戲臺上學來的。本身的經歷加上有限的俚俗文化知識，都
傾瀉在賽會之中了。

　這類在賽神中形同優戲的情形，民間在在皆是。清龔煒
（1704-?）《巢林筆談》卷三〈以神為戲〉說：「鬼神可敬不
可褻，世俗則以褻為敬焉。」往時他見神廟有參謁迎送之儀，
以為失事神之體，如今更有人進入神的公座說是代神掌印篆；
以往各廟有廟會，設櫃聚錢作為會資，到後來，弄出各廟聯
會；本來在賽會中，有扮演旗牌官的，後來更設置中軍，扮

演者帶著大批儀仗隊，穿上頂戴（清代官員的官帽，依其帽頂、花翎的不同以區別官品）官服，他斥責這種做法「直是以神為戲耳」。

與儀式的程式寬嚴相關聯，在敬神祭禮等過程中，道門禁忌很嚴而民間崇拜相對較寬。比如道教將古代敬神中的「齋潔」發展成專門的科範，而民間唯稍存其意。道門強調齋是一切道法的基礎。《無上秘要》卷四十七引太極真人徐來勒的話說：「夫學道以齋戒為本也。誦經必齋，轉經必齋，書經必齋，書符必齋，籙必齋，作金丹必齋，詣師請問必齋，禮拜必齋，受經必齋，救病消災必齋，致真人必齋。」這齋戒的要求，對主持法事的道士要求當然更嚴。明四十三代天師張宇初 (1359–1410) 在整頓教風中即強調「凡行持之士，必有戒行為先」。❺那是不單在臨壇時的身心齋潔，更在平時的嚴守戒律，行止無虧。道士說的齋，不單純是在飲食、房事等方面的規定，更重要的在於「心齋」，即清心寡慾，心地純淨，不雜俗念。民間的祭神崇拜，於齋潔一項，也有所要求。比如去敬神前戒食葷辛，停止房事；條件好一點的，尚注意香湯沐浴。在地方上舉行太平清醮、神道出巡、賽會一類活動時，要求蓋嚴茅廁糞缸，不准挑糞等等，大抵是臨事施設，沒有恆久的基礎，而且比較注意的是為防止沖犯神明的外在規定，至於道門齋戒的最深層 —— 心齋，民間很少有人會去注意，能夠做到的恐怕更是鳳毛麟角了。

---

❺ 張宇初：〈道門十規〉。

　　這種禁忌的寬嚴，也常表現在敬神的祭品上，古代中國人有以犧牲玉帛敬神靈的習慣，為表虔誠，往往追求獻祭的豐厚。道教誕生之後，有些民間的道派，仍然沿襲這種做法，但大多數道教徒，對此都表示反對。晉葛洪（283-363，一說卒於343年）斥責當時的一些民間小道派說，「又諸妖道百餘種，皆煞生血食」，應當禁絕。《道典論》卷三引《太一太真科經》斥責「貪嗜血腥」為魔王邪醜所為，而世界男女之人若「殺生淫祀，禱祠邪神，歌舞妖孽」將「死受惡對」，魂魄將流入「三官五嶽之中」受苦。所以道門祭獻，並不是以豐厚為佳，而以誠信為本。《呂祖真君無極寶懺》借呂洞賓之口說：「我以誠至，不為財臨。」便是對信眾的一種勸戒。至於血牲，更在反對之列。道門齋醮中有五供、十供之類名目，但皆指香花、燈、水、果、茶、齋（素食）、寶、錢，沒有葷食和血牲。在供品中有時加上不少傳說中的仙食名，但實際上都是素食。《道藏》中有成書於明代的《天皇至道太清玉冊》，其卷八載有各類「仙食」的實際代用品，抄一部分在這裡，讀者可以參看：

白雞脯──蘑菇、桑蛾	猴脯──香蕈
雞脯──木耳	白象脯──蓮子
白馬脯──款冬花	龍脯──麥麩
鹿脯──牛膀子	海中黿脯──大黃
山豬脯──蓊菜	知腸脯──車前草

林中馬髓脯——酸棗　　　水中魚脯——君達菜

白脯——樟柳　　　　　　地脯——菖蒲

天酒——泉水

這些食品，大都以「脯」為名，似乎皆為肉食，而且其中有龍脯等物，端的是凡間見不到的稀罕玩意兒，然而實際使用的遠不是這麼回事，它們都有素淨的菜蔬、野菌和中藥用為替代品。所以，道教的祭品，也包括自己日常的食用中，儘管有許多奇特的仙食名稱，其實卻是素品。

　　民間祭獻，雖然也有專門的齋供，不過常常不忌血牲，或以煮熟的雞與豬蹄等為祭品，有時甚至以之去敬獻給道教尊神和佛菩薩。比如舊時上海紅（虹）廟中的觀音，「妓尤信奉，每燒全豬為供獻。佛門素享清齋，此地獨奉特性，可發一噱。」❻民間的祭供物品有時還有一些自我作古和突發奇想的做法。比如，中國的財神，出現得很晚，因為中國是以農業立國的，長期以來重農輕商，對財富的追求儘管會引發很多人的嚮往，但是在社會上卻不能得到正面的肯定和鼓勵，所以像管壽、管子的專職神明出現較早，而財神爺則遲遲未走上民眾信仰的聖壇。直到宋代，才出現了一種「財馬」，即財神的符號，也許是神像吧，馬，就是碼。但那位財神姓甚名誰就無人考證了。他是一個晚出的神，而且似乎原出於民間，沒有誰給他確定姓氏、隸屬哪一神司，所以對其神，各

❻　清葛元煦：《滬遊雜記·紅廟》。

做各的解釋。明代呢，就比較集中於黑虎玄壇趙公明。明代民間又有「回回進寶」的傳說。原來從西亞進入中國的少數民族回族本來善於經商，當時或者也把來自阿拉伯的商人統稱為「回回」，民間傳說他們非常有錢，曾向朝廷獻上財寶。於是有人將這事兒與財神爺聯繫起來，說他原是回族，回民禁忌豬肉，所以民間說，祭財神不能用豬肉，而要用白酒和牛肉。這種想當然的做法傳開後，老百姓倒是十分認真地對待的，不敢亂了規矩。後來呢，「回回」的財富在民眾中沒有了最初的驚羨，財神是不是回民，也沒人再提起，原來的禁忌也便不注意了。另一個例子是安徽的廣德縣橫山地方，有一座張大帝的祠廟，據說神名張渤，一次化為大豬，被他夫人碰見，結果夫人驚恐、羞憤而死。他的原形大約是豬精，但民間忌諱稱之，卻在祭祀供品上加以體現，即祭供不用豬，而要用狗肉，凡祭他的日子裡，人家都要準備這一味祭品，最後當然是人們自己分吃了，俗稱「吃凍狗肉」。

　　道教與民間崇拜在儀式規範以及禁忌等方面的差異，並不是無緣無故產生的。前面說過道教作為成熟的人為宗教，有明確的宗教理念和解脫目標，因而可以形成穩定的儀式和戒律，為道教徒個人長期的乃至終生的行為、思想提供範式，也為道派的傳承提供規範。而民間的祭獻，大多是為著某種功利目的。俗說「閒時不燒香，急來抱佛腳」，又說「病篤亂燒香」，各種敬神都是一種臨時的短暫的行為，當然在方式上也便沒有很嚴格的講究了。

三、情緒宣洩的有序和狂躁
——道教與民間崇拜差異的情感表達

　　道教與民間崇拜方式的差異，還相當突出地表現在崇拜祭禮過程中，情緒宣洩內容、形式及力度的不同。

　　在崇拜的過程中，都要表示對神靈的虔誠，這點是道教與民間崇拜在心理上的共同之處。但是如我們前面所說的那樣，由於道教徒有明確的宗教目的，因而在情感上以皈依崇敬為中心（至少在規則上是這樣），而民間的崇拜，則基本上以求福為主導追求，所以缺乏皈依的精神趨向，只剩下崇敬一義，且這種崇敬乃是建築在神靈賜福的信念之上。依照理論上的說法，宮觀中塑造神像，本來為「存真」即存想真神的宗教修持所設。道教崇拜的大道之像本來無形，最純真的沒有形相可以感知，原是一片澄淨透明空虛寂靜，那大道，人的視聽無法達到只是順應各種變化的場景而顯示其像，然而暫時顯示很快又隱去。要想將至真的大道存念於自己的胸中（此處原文是「存真」，指一種道教的修持方式，意為經過想像尊神的形象，並將其形象保持在心中，以使神明亦即其所代表的至真的道常存於身），需將心繫於尊神的容貌上，「故以丹青金碧摹圖形相，像彼真容，飾補鉛粉」。這是宮觀需要設立神像的原因，「凡厥繫心，皆先造像」。❼如前面所說，

道教將敬神和皈依大道相聯繫，於像設之前禮拜如儀，在心理上則要求摒除一切聲色名利的雜念，一心「繫想聖容」或曰「注念真容」，即存想仙真的威儀法相，以求仙聖下降，道炁灌溉己身，科儀中要求道士始終處於一種面對仙真的聖潔的情感之中。同時，這種聖潔性，尚與某種認同、某種親近相聯繫，即在聖潔的感情中體會到人與道同在、人與道合一，人參與到至真至聖的神仙境界的感受。民間參與燒香、敬神、太平清醮一類活動的，如前所述，絕大多數都帶著功利性的目的，所以即使在面對神像或觀看祭祀儀式時，意念不可能全集中於一境。對聲、色、財、利的追求，對災禍冤屈的解除，實為敬神的核心。說是核心，其實是散漫多端，無法一言以蔽之。比如以前在江南流行的所謂「告陰狀」，便十分典型地表現了民間信仰習俗中情緒宣洩的特徵。

「告陰狀」，指有人自認為冤情不白，枉曲未申，訴之東嶽大帝等神的做法。通常在迎東嶽大帝的賽會結束時舉行。各地做法略有不同。在溫州，屆時照列在溫州城的西郊場演武廳，掛起放告牌，招致有含冤飲恨者前去告狀，俗謂此可代為申冤。神偶像先出巒，加披羽衣，端坐椅上。炮響三聲，由人扛擡飛奔，直奔入演武廳。接著發炮三聲，擂鼓三通，判官、皂役按站排立。扮罪人或犯人者站在兩面三刀旁，當堂上高叫「告狀人」時，告狀者身穿喪服，披頭散髮，手持神香和黃紙「狀」撲上公堂，高喊：「東嶽爺申冤。」經攔阻

---

❼　參看《洞玄靈寶三洞奉道科戒營始》卷二。

三次，才撲到案前跪下呈上黃紙狀，哭訴有冤枉事宜。哭訴畢，值班公差把黃紙狀在香爐上焚掉，說聲「聖王已知，聽後定奪」，於是下堂，放告活動就此結束。認為東嶽大帝能鑑察善惡，幫含冤者申冤，給作禍者降禍。顯然，在這過程中，「告狀」者的情緒宣洩離宗教皈依距離極遠。可以說，其起因乃在於受了欺負悲憤無法得到正常的發洩，而在「告陰狀」之後，由於將解決的希望交由神明，悲憤的情緒得到宣洩，重新獲得心理平衡。誠然，對神明的崇敬是有的，但那崇敬，只是相信神（東嶽大帝）有在冥冥中降罪賜福的權力，與一般民眾對官府的畏懼相彷彿（但陽間的官府未必肯幫自己申冤）。至於其他的祈子、祈財、祈婚姻，入殿朝拜時種種期望、嚮往、意念所在、情感所繫，更是種種不一。舊時上海大馬路（今南京東路）有座保安司徒廟，俗語稱虹廟，係由道士管理，去燒香的「香燭些些費莫猜，非關祈子乃求財」。❽同時也有求婚姻、求團圓，乃至妓女求興隆的。

更加突出的是，道教繼承道家清靜無為的思想，在對神靈崇拜禮敬的過程中，情感的抒發是舒緩的、清冷的、悠長的，他們隨著儀式過程的推進，通過悠長的詠唱繞壇等，情緒得到昇華，更加清晰地體驗到世俗的不常，大道的恆久。《太極真人敷靈寶齋戒威儀諸經要訣》談到齋法及中用樂時說：「皆當安徐雅步，審整庠序，男女不得參雜，令威儀合于

---

❽ 清邗上六勿山房主人：《申江雜詠百首·司徒廟》，轉引自葛元煦《滬遊雜記》卷三。

天典」，如此，「則為鬼神之所具瞻，飛仙之所嗟歎，三界之
所軌範也。」禮拜之後，齋人依次序向左行，旋香爐三匝。而
且此時還應當口詠〈步虛躡無披空洞章〉（道教靈寶派使用的
一種樂章，據說係天上自然結成的樂歌，為仙人在虛空往來
朝見元始天尊時所唱）。而為什麼要這樣做，又有一個神學的
解釋：因為大羅天上太上大道君治理之所有一座自然七寶之
臺，那些道階修到至高無上的大仙真們都要舉行齋儀，誦念
吟詠，繞臺行道，現在是效法仙境中的情景。同書稱，此時
「行道心至，所願尋香煙已御（送達）太上，太上道眼恆洞
天下，善惡亦無毫遺也，可不戰戰慎慎之哉」。道人的戒慎，
「親見太上」的體驗，都在儀式中徐徐展開，情緒在有序地
平緩宣洩。其他醮祭等儀式中，接（仙）駕時或稍具喜慶氣
氛，發符檄時或有威嚴之勢，但道士的情緒始終控制在設定
的程式之中。

　　道教是貴生的宗教，總的來說不贊成肉體的折磨——除
了在尋仙過程中的歷盡艱辛。早期道教的塗炭齋，尚保留一
些古代巫術中繼承下來的自我折磨的做法：「建議塗炭，露身
中壇束骸自縛，散髮泥額，懸頭銜髮于欄格之下。」❾但隨著
科儀的完善和多樣化，這種傾向便逐步消滅乃至消亡。而民
間崇拜中，為表示虔誠，常常採取自我折磨的形式，所謂「燒
拜香」、扮犯人、「掛香爐」都是這類自我折磨的表現。可以
說，這是對神靈膜拜情緒高漲卻又找不到正常宣洩途徑的表

────────────

❾　《無上秘要》卷十五。

現。

燒拜香。一種向著神廟邊走邊拜的進香方式。流行於湖南衡山附近地區。一般皆係子女為父母求福，上衡山朝拜南嶽大帝等神，循例要進香三年，用木製高約三寸的小凳，上插三支香。第一年直香，手持香凳，走三步拜一拜；第二年五步一拜；第三年七步一拜。由於上山之途甚長甚陡，燒拜香具有十分突出的自我折磨的特徵。《中華全國風俗志》下篇卷六〈燒拜香〉評論說：「雖頭腫膝爛，風天雨地，亦莫之顧。其孝固可嘉，其愚誠可憐也。」這是以子女的痛苦，表示虔誠，為父母求福，其「誠」的情緒，不像道士有儀式予以賦義，可以委婉地向神傳達，卻是以其艱苦之行，給予外在的表現。

扮犯人。在神道出巡（主要是東嶽大帝、城隍、三巡會）等日期中，往往有人扮作披枷帶鎖的犯人，被神吏押著跟隨在神之後。這些人中，或因疫病，疑受冥譴；或因改嫁，怕下地獄……總之是生活中有種種疾苦，造成難以承受的精神壓力，扮犯人，意思主動受過懲罰，便算是贖過罪，往後不用再遭惡報，這樣求得心理的鬆弛。

掛香爐。舊時在南京等地的香爐會中，有人將數十斤重的香爐用鐵鉤掛在赤裸的臂膊上，以示虔敬。其間的痛苦常人看得十分可怕，但懸掛者則從容走在遊行的隊伍中。這也是以自我折磨顯示誠心的典型方式。

上述三例中，情緒宣洩的內容與皈依宗教，都有很大距離，它不是皈依、認同一類宗教情緒的體驗和昇華，而是通

過自虐去尋求精神鬆弛，從自我懲罰中得到「寬恕」的心理慰藉。

　　敬神中情緒宣洩的不同，總的來說，也是導源於前面所說的目的指向的不同，且與儀式的規範有關。就目的指向而言，道教徒的皈依大道，正是在敬神中追求精神的昇華，以達到「與道合真」的前提；而民間敬神的功利性傾向則是造成敬畏有餘、專一不足、情感指向散漫的根源。就儀式而言，道教的敬神儀式，將道教徒的情感昇華編制進多種因子複合的演道程序中。其中有對尊神純儀禮性的揖拜跪叩（如禮十方等），有面對尊神的傾訴（如宣詞及章奏中的內容），有與神同在的聖化體驗（如化壇中存想神靈降臨，道炁下降己身），有從神靈中吸取力量的自我滿足（如發符檄為地方救災時的自信感和成功感）等等。這些，都是在特定的環境布置、音樂節奏和踏罡步斗、起伏跪拜的行為中，一浪推一浪地、有序地抒發的。這些儀式，或者原來就是道教徒宗教修行的一部分，或者係為社會提供宗教服務而設，然而都經過反覆的演練，行持者的情緒體驗與相關科儀環節、關目基本上已固著在一起。及儀式舉行時，是帶著全部既定的、豐滿的心理準備走上法壇的，接下來的事是依式重演其情緒起伏，所以很少會在某一環節情緒不穩，更不會翻起狂躁的波濤。民間崇拜則不然。一方面，大多數民眾走上神殿前，缺乏固定的心理訓練，甚至於根本就缺少心理準備，所以在內心焦灼和神秘的氛圍交相刺激下，容易導致突然的心理失衡，對這些

失衡又沒有可靠的調節、控制方法，所以會用極端的「神靈附體」一類形式表現出來，有時採取某種自我折磨的方式加以宣洩。自我折磨的各種方式，也許是一部分人在缺乏像道教徒所具有的那種訓練有素的情緒宣洩方法時，所採用的調節自身情緒的手段。

四、道教儀式中的民俗成分

上面講的幾個側面，基本上揭示了道教與民間信仰崇拜方式的主要差異。這種差異，根本說來是制度化宗教與散漫的鬼神觀念及相關行為方式差別的表現。當然，道教本來脫胎於古代巫術和所謂方仙術，與民間信仰素來有割不斷的聯繫，二者的差異是相對的。民間信仰的部分神（或神廟）融進道教系統，祭禮由道士主持，這樣原來民間信仰方式便部分地提升為人為宗教的儀式、制度。但即使如此，周圍民眾原來的心理狀況和敬神方式仍很難隨之改變，往往在參與、觀看道教儀式時，原有的崇拜方式仍我行我素地平行展示，或者以原有的心理、觀念去理解道教儀式。因此，道教與民間信仰在崇拜方式上的差異雖然存在，卻不是截然不同。

不僅如此，為了適應老百姓的敬神、娛神習慣，道教儀式也會採納一些民間喜聞樂見的形式，或者穿插一些民間的藝術，以增添情趣。這裡且舉渡亡法事為例，稍加說明。

民間的喪葬習俗中，道教占著十分重要的地位。送葬用

僧人、道士在民間非常普遍。超渡亡靈儀式在道教的科儀中
占有突出地位，尤其是近代以來，由於民主制度的發展，原
來朝廷官府對宗教的控制不再存在，信仰宗教成了民眾個人
的事情，原來的道教儀式有相當一部分為朝廷、貴人特用，
現在都已不再通行，相比之下，為民間消災、超渡一類儀式
所占的地位自然提高。喪葬本來是寄託哀思的，應當是以嚴
肅和憂傷為主調。不過中國的老百姓在處理此類事時，不完
全局限於表達哀情，民間有「紅白喜事」之稱，紅喜事指婚
禮，白喜事為葬禮。哀事、傷心事當成喜事來辦，是中國民
眾對生命歷程的一種睿智的、一定程度上是超然的理解。人
總有一死，生命歷程的結束是一生的總結，凡能壽終正寢，
便是莫大的幸福，所以老人家走了，對子孫來說，是哀傷的
事兒，對他本人卻是生命畫上了圓滿的句號；即使年壽不永，
死別之際，難免悲痛欲絕，痛定之後，家人還得調節心態，
直面現實的生活，所以葬禮又是心理情緒調整和轉折的一個
契機。如此這般的複雜心態，表現在喪俗上，便是既要求表
示出極度的悲哀，又要求適度地注入喜氣。適應這樣一種心
態，道教的儀式也根據一時一地民眾的欣賞習慣，在科儀中
做出表現。

　　廣東、香港地區的太平清醮中，一般都有普渡的儀式。
普渡，便是超渡一切亡靈。本來中國有祭厲的習俗，就是對
於非正常死亡的鬼魂的祭祀。這種祭禮開始時主要出於對橫
死鬼魂的畏懼，怕他們變成厲鬼為患人間，所以定時祭之以

安其心。以後道教和佛教的影響在民間擴大後，除了祭厲之外，還加上了對一般無主鬼魂以及陷於地獄和餓鬼道的亡靈的悲憫，企圖運用自己的法力，將之解脫出來。這一儀式佛道兩教都有，佛教稱焰口儀軌，道教稱煉渡、祭煉，也寫作濟煉。太平清醮應當是道教儀，不過，在民間的理解似乎又與佛教的焰口儀軌混合在一起。道教祭煉儀式中，一般請來的尊神為太乙天尊或其他神仙，佛教則請觀音。香港地區新界的太平清醮中，出現了一個「大士王」，似乎是觀音大士了，但其妝扮卻頭插雉尾、畫著臉譜，儼然戲劇舞臺上的「大王」，顯然他們已依自己的理解做了設計。❿儀式中有大士勸慰鬼王的對話，為了顯得逼真，鬼王做成了活動的傀儡，在法師的控制下嘴巴可以一張一合，似乎在與大士對講。這些做法，顯然都是道教科儀中糅合了佛教和民間藝術的因素的結果。

在超渡儀式中，常有解冤結的環節。冤結的觀念大概是從佛教那兒吸收來的。人所做的業，其中難免有與其他人（以及其他生物）的仇怨，亡故時沒有將這些仇怨消除，就會惹出地獄官司，在閻王老子面前對簿公堂，鬧不好還會受到慘酷的刑罰 —— 地獄裡的刊罰如上刀山、下火池、被鋸兩半、

---

❿ 這一構思，應當是從佛教的焰口儀軌裡化出。據《瑜珈焰口儀軌》等資料看，佛教內將其儀軌的出現繫於觀音顯化為鬼王名叫「面然」，向佛弟子阿難述說餓鬼的種種痛苦，並開示救拔之途。「大士王」的形象便是從這裡化出。不過在儀式中，鬼王與觀音分離，成為勸慰並要求被送走的對象。

挨磨成灰，委實讓人聞風喪膽，或者在下一輩子受到仇家報
復。「眾生多結冤，冤深難解結。一日結成冤，三世報不歇。」⑪
所謂冤冤（怨怨）相報何時了，仇怨不消，報應便沒有窮期。
為此，佛教和道教都設計了解冤結的儀式，想通過佛力或道
法，經由法師的操作，使冤結消除。在浙江的一些地方，解
冤結的儀式中插入了一段解線結的做法。喪家先用黃線穿過
銅錢，打成不易解開的死結，然後由道士（如是用佛教儀軌，
則由僧尼主持）邊念經邊解結，解下來的銅錢歸道士所有。
這樣做，一方面是「冤結」本來看不見，現在有了一個象徵
物線結，老百姓易於看懂儀式的內容，結解開，象徵著亡靈
冤結不再存在，活人心理緊張獲得了放鬆，得到了寬慰。同
時，解死結的做法，對道士有一定的財物收入，旁觀者則會
津津有味地欣賞道士先生的解結技藝，因此也增添了些情趣，
這對於喪家希望體現「白喜事」的精神，也頗一致。

　　在上海地區的渡亡儀式中，常見有所謂「渡仙橋」的做
法（圖五）。本來在煉渡科儀中，有送亡靈上升天庭仙界的內
容。不過，宋代時這一環節的實現，主要在法事的最後階段，
由法師對亡靈宣三皈九戒，法師存想幽魂受頒寶籙，然後由
法師存想亡靈化為嬰兒乘蓮花上升，比較側重於內想。⑫到
了清代，由著名高道婁近垣增訂的《太極靈寶祭煉科儀》，則
增加了儀式的形象性，在送亡靈升天時，法師口念「生天生

⑪　《太上三生解冤妙經》。

⑫　參看南宋末鄭所南：《太極祭煉內法》卷上。

圖五　上海渡亡科儀之一：渡仙橋。

圖六　手結金橋訣圖示

天速生天」，同時手結金橋訣 —— 代表通往天堂的金橋，將亡靈送上天堂（圖六）。顯然這樣做已比原來形象得多。但是，手訣的涵義，法師明白，喪家則需經過解釋才能明白是怎麼回事。所以近代和當代的儀式中，更增加了事先用木料做成繪以五彩的「仙橋」，兩邊且連著長長的白布。上海地區的煉渡科儀中，做到最後，讓亡者家屬牽著仙橋兩

端的白布，法師在音樂伴奏下吟誦相關的經文。這樣本來只在法師頭腦中出現的亡魂升上天堂的過程，變成了由家屬送他或她度過仙橋升上天堂的演示。

　　上面說到的一些例子都是用於民間的道教科儀，因為要適應民間的喜好、民眾的信仰習俗，所以盡量使之形象化，增設了某些藝術性的演示。這種演示，當然不僅僅在渡亡科儀裡面有，其他的科儀中也有。只是渡亡科儀在民間做得較經常，較易說明問題。它們生動地表現了道教科儀與民間信仰之間的互動關係。一方面，道教的儀式比較規範，用於民間時指導著民間的信仰向著規範、有序的方向進行，另一方面，又適應民間的種種心態，吸納了一些民間藝術的成分，或者依照老百姓能便於理解的形式，做了創造、改編。後面還要看到，在民間的實際施行中，道教的各種大法，與民間信仰有扯不清的關係，它們共生於中國民俗的地盤中，服務於同一對象，因此相融相攝在所難免。

道教法術對民間巫術的制約和影響

道教克制巫師的主要力量，來自其法本身的優越性。
即它的施行，有更加系統的科儀、理論，
尤其是有整個有組織的宗教的社會威望作背景，
從而更易得到社會的認同、信仰。

　　道教的重要淵源，是巫術。從最初的階段看，道教法術的相當部分來自巫術，道教的法術體系是對巫術的大改造和大綜合。然而，中國神秘主義的領域中，巫術從來沒有退出舞臺，它繼續在民間流傳，成為人為宗教以外的、經常以神秘主義方法干預民眾生活的力量。東西漢之交，佛教傳入中國，佛教初傳時，中國人將之看成方術的一種，與當時盛傳於社會的各種方術其中包括種種民間巫術差不多，儘管佛教的精髓不在於此。不過一方面佛教中原本有一些法術，另一方面也是為適合中國民眾的需要和心態，中國佛教中曾發展出相當發達的法術，諸如占驗、命相、求雨、鎮妖，都有僧人參加，有的還有很大的名聲。《白蛇傳》中法海收白娘子的故事家喻戶曉，那雖是小說與戲劇的表演，不是真實，但創造這些故事的人們正是看慣了僧人收妖一類的活動，才產生出靈感。至於超渡亡靈中的放焰口儀軌，在民間進行得十分廣泛。因此，在中國的神秘方術中，便有佛教、道教與民間三個系統。這種秘術，用比較淺顯的話說，都是企圖用某些神秘的超自然的操作方法，干預、支配自身或者外部事物的狀態和變化。這裡說的外部事物，既包括自然界和社會上實存的東西，也包括人們信仰中的鬼神。一般在西方的人類學、宗教學中，把它們叫做巫術。不過，依照中國的習慣，將民間巫師所行的秘術，稱為巫術，而佛道兩教中，都把教內秘授的神秘的方法，稱為法、秘法、大法，又稱為正法——自然是為了區別社會上流行的其他秘術,而一般老百姓的習慣,

是稱它們為法術。我們的行文，考慮到這些語言上的習慣，將佛教的秘術稱為佛法，道教所行的稱為道法，或道教法術，將民間巫師、神漢、仙姑或者民眾自己所行的那種沒有嚴格規範、很少道德約束的秘術稱為巫術。巫術是中國人民間信仰中的重要組成部分。民間常常是通過巫術與信仰的對象打交道。佛教和道教，是中國傳統文化中最有影響力的兩大宗教，它們的法術系統，在長期的歷史時期中既相互批評、相互排斥，又相互借鑑、相互吸收，而且各與民間的巫術相互制約又相互吸收。本書討論道教與民間信仰的關係，所以只考察道教的法術與民間巫術的關係。

　　道教的法術，作為有組織的力量，比散漫的巫術更加優越。因此，頗能對後者起著某種程度的制約作用。同時，巫術也常從道教法術那兒吸收營養，採擷方法、手段。某些發展得比較成熟的巫術，也常吸引部分法師的注意，採擷進自己的行法手段、方法中去。自東漢至於現今，道教法術與巫術之間的這種割不斷理不清的聯繫，始終不間斷的以這樣那樣的形式表現出來。

一、道教對於民間巫術的雙重態度

　　中國古代的巫術是一個龐大的體系，其中包括駁雜的內容。比如像祈禱呀，禳解呀，各種占驗術數呀，葬禮中的各種風水、鎮墓和超渡呀，都是重要的種類。它們形成於不同

的歷史時期，有的可以推溯到原始時代，有的是在秦漢時期定型的，也有的像風水術託名東晉的郭景純 (276-324)，實際可能形成於唐宋時期，反正宋代它已經大行於世了。前面說過，道教是從巫文化中飛升的，它與秦漢時仍然流行的各種巫術和它的變種方術有直接的聯繫。不過，道教形成教團以後，對於民間的巫術便不是一概照單全收了。從它形成的過程起，它就與民間的巫術拉開了距離。這種距離，主要表現在以下幾個方面。

其一，道教的法術有了自己的教義基礎，也就是說有一個理論去加以說明，而與民間巫術沒有什麼理論、可說純然盲目地迷信有所不同。

其二，道教的法術以神仙信仰及其仙譜作為背景，不像民間巫術那樣依託的神靈雜亂無章，甚至於依靠某些邪神。道教有一個完整的神仙譜系，前面已經說到。在法術施行中，道士依託的力量源泉，就是神仙。法術的一切神奇功能，全是由三清、玉皇等尊神賦予的，而被認為給民眾帶來災難的精鬼和邪神，正是道法鎮壓的對象。民間的巫術，所依附的神靈既龐雜無序，神的正邪也難以判定。

其三，道教法術置於其戒律的嚴格約束之下，相當強調行法者自身的道德修養，與民間巫師行法的隨意和部分巫師對錢財的貪婪不同。

其四，道教法術的傳承有嚴格的規矩，以保證自身的授法系統不紊亂，歷代相傳的法術盡量不走樣。巫術的傳承雖

有拜師一類儀式，但總的來說，比較隨便。

　　道教在形成之初，就對於傳法有明確的組織規範。比如當年正一盟威道教在今四川和陝西的漢中一帶活動，就有相當嚴密的組織，就傳法而言，有盟約和授籙兩種方式。在上世紀仍保留著的正一盟威道的一塊碑，❶其上刻著初入道的胡九，受祭酒張普等人賜予《微經》十二卷，並且與之相約「施天師道法無極耳」，這是立盟約的證據。另外，正一盟威道還推行一種受籙制度，即舉行一定儀式，給入道者依不同的階別授予符籙。目前《道藏》中仍存有正一盟威籙，其中某些明顯與傳法有關。比如其中有〈太上正一三將軍籙〉（圖七），受了此籙，可以召役唐宏、葛雍和周武三員神將，〈太上正一星綱五斗籙〉，受後才能踏罡步斗，因為許多法事都要通過這種步伐才能體會到飛行九天、將章表等等送達天庭仙府，所以此籙也制約了法師施行較高級法術的資格。

　　雖有這些距離，卻沒有切斷道法與民間巫法的聯繫。這種聯繫，表現在有許多傳之於古代的術數，如風水、占卦、命相等，是道教與民間巫師共行的，而且，民間的一些做法，也會得到道教的認可，被吸收到道法中來，道教的法術，也會在民間引起反響，民間巫師會採納其中的一部分；同時，對於民間的某些粗陋的或者具有害人性質的巫術，表示反對，在自己行法過程中予以禁止。因此，從道教對民間巫術的態

---

❶　《隸續》卷三收入時題名〈祭酒張普題字〉，輯入《道家金石略》，文物出版社，1988 年，第 4 頁。

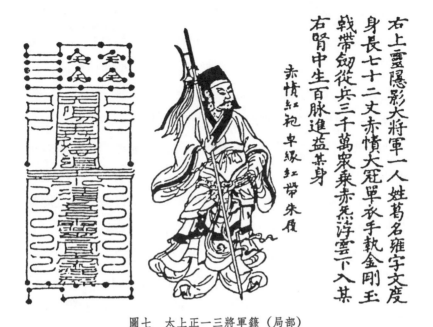

圖七　太上正一三將軍籙（局部）

度看，是雙重的，既有有選擇地吸收的一面，又有加以制約的一面。

　　就道教法術對巫術的制約方面來說，它的積極辦法，一是禁止淫祀——因為巫術的重要基礎便是「事神」，而淫祀之神多為巫師所奉。所謂淫祀，指不應當祭祀的卻加以祭祀，其標準歷代不一，一般將朝廷、官府認可的以及佛道教中本有的稱為正神，而在此之外的，都屬於淫祀。一般來說，道士對淫祀有明確不能參與的規戒制度，而且也有一些對付邪神的法術。《神仙傳·葛玄》說，葛玄曾經過一座神廟，那廟

中有神，人人畏懼，凡走過那裡，百步之外就要先下車騎。連那廟中數十株大樹上的群鳥，也沒人敢去招惹的。一次葛玄路過，碰到廟神作怪，立時大怒，斥責說:「小邪竟敢如此!」於是以符投廟中，樹上的鳥都落在地上死掉，樹也隨之枯死，不幾天，廟也莫名其妙地起火燒毀。以後在道教的儀式中有一種叫做「伐廟」，專門對付邪神精鬼盤據的淫祀神祠和毀棄的古廟。

二是有解釋詛咒的法門。巫的活動，常以蠱、咒、魘禱一類方術，威嚇民眾。古代，信巫信教信神為普遍的社會心理，因此，人們既有求於巫，又害怕巫。道教的解釋詛咒之法，比如有一種〈太上正一解五音咒詛秘籙〉，專門給人「解釋咒詛，蕩禳魘禱，消災度厄，延壽長年」，打出以道門正法破旁門邪術的旗號，使惴惴於害怕中蠱中咒的人恢復其安全感，所以民間對這一法術相當虔信。

三是在道法科儀中有「收邪巫師」一項，係直接地對付害人的巫師的。自然，所謂「收」，是派天兵天將去收，並非真的能派員緝拿。這點多少對於害人的巫師有點兒震懾作用。

不過，道教克制巫師的主要力量，來自其法本身的優越性。即它的施行，有更加系統的科儀、理論，尤其是有整個有組織的宗教的社會威望作背景，從而更易得到社會的認同、信仰。凡是有道士活動的地區，各類驅鬼、消災、渡亡的法事，總是請道士的多，民間的巫師便在一定程度上受到抑止。

當然，由於道教長期在民間活動，其組織又很鬆散，各

道派對於巫術的取捨標準也不盡一致，這樣便造成了有一些巫術雖受到道門中人士甚或其領袖人物的批評、反對，但仍側身於道法之中。這兒可以隨手拈一例子。《封神演義》中寫到姜子牙受陸壓道人的指點，用釘頭七箭書治死趙公明，辦法是先用草做成趙的形象，然後每天拜禱念咒，最後用箭射草人，結果使遠在成湯營中的趙公明死於非命。這種用咒語咒人的法子，與《紅樓夢》中馬道婆用紙剪成人形，害得鳳姐和寶玉發瘋，是同類的邪術，古代稱為魘禱，當代巫術研究中稱為黑巫術。對此類黑巫術，道教明確表示反對，但在《道藏》中卻保留了一種「六甲神箭厭」，其法為畫上仇人圖像，並在心口上寫該人名字、生辰八字，用箭在心口刺下一寸，念咒一遍，每日七次，說咒滿七日，必死無疑。這表明，某些道教明確反對的巫術，卻鑽了道教組織鬆散的空子，在道門內紮下根來。事實上，歷代道教都有從民間巫術中吸收營養的，其中對於各類占驗和禳解的術數，吸收尤多。就以目前已經收進《道藏》亦即被道教正式承認民間術數而言，有奇門遁甲等，也有不少雜占、雜術。在明萬曆《續道藏》中收有一本《許真君玉匣記》，其中對於合帳試新衣、洗頭、裁衣、出行等的日期的選擇，面熱、眼跳、耳熱耳鳴、打噴嚏、肉顫心驚、鵲噪等的占驗，都有具體記述。這些都表現了道教對巫術有制約的一面，又有吸收的一面。它對於民間巫術的態度是雙重。這種雙重的態度使得道法與民間巫術、術數的界線顯得模糊。

二、民間巫術對道法的依傍

　　巫與道的聯繫，自漢以來便沒有割斷過，一方面，道法多承巫術，我們在第一章中已經討論過。另一方面，巫法又每依託道法，扯道法的虎皮為大旗。《海瓊白真人語錄》卷一說：

> 巫法亦多竊太上之語，故彼法中多用太上咒語。最可笑者，昔人於巫法之符下草書「太上在天」，今之巫師不知字義，卻謂「大王在玄」。呵呵！

該語錄係南宋時金丹南宗五祖白玉蟾（1194-1229，一說他活到南宋末甚或元初）的門人所記，談的是南宋時的情況。白玉蟾所說的巫法竊道法之餘的情形，一直存在。有的巫術，也在託著道教的威聲，竭力表現自己。這兒可以順手拈出一部書，名叫《萬法歸宗》，稍事評論，以見巫術依傍道法的情形。

　　《萬法歸宗》這部書現在仍在道觀中流傳，書前題「李淳風先生著，袁天罡先生補」，有學者未加考察，信為真實。如高國藩《中國民俗探微——敦煌巫術與巫術流變》，即作如是觀。實際上此書是一部巫術集成，其中多為明清以後才有或盛行的巫術，其中不少是邪術。

　　李、袁二人，在民間的術數之中，威望極高，相傳《推背圖》便是二人所著，至於命相占驗之術，兩《唐書》本傳

都已述及。但《萬法歸宗》與他們並沒有什麼瓜葛，不僅在清代及此前的公私書錄中沒有發現過，尤其明顯的是有所謂〈太上金鎖連環隱遁真訣〉及〈湘祖白鶴紫芝遁〉，實出於敦煌文書，或其中稍有改編。但校之伯（希和）三八一〇文書，文字完全相同。按敦煌文書，秘之數百年，清末始流傳於世，《萬法歸宗》若是唐代袁、李之舊作，傳抄反覆，文字必有奪訛錯誤，但其文、其意與敦煌文書全同，是根本不可能的事。惟一可以接受的解釋，是此書中的同類內容採自敦煌文書，或是據文書增入。

　　《萬法歸宗》所載內容蕪雜，有部分道法，而多數為巫法，有的甚至是邪法，但是卻依傍神仙名義，部分地採用或模仿道法的手段或程式。取名「萬法歸宗」，極易使人想起龍虎山的萬法宗壇，誤以為是道門正法。它是巫術依傍道法的一個典型產品，所以頗有分析的價值。我們在談論這方面的問題時，經常要以它為典型。

　　巫法向道法依傍，重要的例子，是所謂耳報術。耳報，指可以役使鬼神報告遠方的或幽冥世界的訊息。它在明代，被視為邪術。從現在流行的《萬法歸宗》所載的相關方法看，也確實是役神兼人魂魄的邪術。其中最具代表性的「陰魂報」，是用剛死人的魂魄作驅役對象，做法是：

　　　用辰日暮途窮死人蓋面紙一張，須要乖覺聰明伶俐年少壯者，則可以陰陽瓦二片，將社壇土封固，止留二

門，將此紙面朝土疊放於瓦內，為安身立命之處所。
每晚安設淨室，念咒二十一遍，拜二十一拜，手掐辰
紋。凡供獻之物不拘多少，每用七盞祭之，其祀物自
食，不可棄與別人用。此魂上士七日，中士二十一日，
無不見其魂。如見魂時就與發誓，跟隨使用。倘使喚
時，交紙揩眼一遍，手掐辰紋，疾至報事，遠報千里
行人，近報眼前禍福。如出外帶此紙在身邊，其魂隨
伴不離。如年久月深，魂該脫生，告放，就將原紙燒
毀湯飯送之，即去。

魂魄被役，當然這是想像中事，但其處心、其用意，卻是極
為邪惡。試看他的〈收魂咒〉：「鬼神鬼神，願見願聞。吾今
召汝，契合隨跟，近報禍福，遠報行人。受吾滴水，當酬大
恩，違吾令旨，永不超身。吾奉太上老君急急如律令。」對鬼
魂竭盡威逼利誘，迫其就範。若是對比喪家的悲切追思及盼
亡魂早日超生的心願，其用心的刻毒更是昭然。據其自稱，
用瓦攝取死人魂後，放在室內東南角桌下，用紅裙罩住，待
時役使。此法的目的，在使之報事，所謂遠報千里行人，近
報眼前禍福，大抵是耳報術的一種。那做法，也用點掐訣、
念咒之類的法兒，冒充道術。《萬法歸宗》卷五〈底襟集〉有
〈祭童耳報〉一章，用「七八歲靈便小兒聰明，忽遇病死者」
的魂靈，與上述陰魂報相類，而方法稍異。另有〈混煉柳靈
兒法〉，以柳為材，按此法造柳木小孩，用〈追魂現形咒〉使

小孩的靈魂附在上面，同時還左手斗決，仗劍丁步，一如道教法師的行法規範。此法中也用符。那方法，也與道符書寫的程式相似。因為符、咒皆類似於道法，因此很有迷惑力。然而其術之邪從哪裡可以揭示呢？主要還在攝取生魂役使一節。同時，行此法者，專以騙錢為務，也為有道之士所不齒。

　　在道教與巫術的交匯中，有道教法術為巫術所採納，也有巫術中的某些成分，被道教所吸收。所以有時很難將二者截然分清。有的民間巫術或準巫術，在施行上向道法借用過若干手段，同時又為部分道士所採納，在局部地區，它們甚而為道教宮觀所普遍採用。但是，在正統的道教內部，從來不認它們為「正法」。其中比較常見的有登刀梯、撈油（鍋）及扶乩，以後者最為典型，影響也甚是深遠，我們後面還要加以討論。

三、在巫術與道法之間的扶乩術

　　扶箕，又稱扶乩、飛鸞。它在明代，猶被道教視為邪說、邪術，四十三代天師張宇初曾斥附箕、扶鸞等是「諸項邪說，行持正法之士所不宜道。亦不得蔽惑邪言，誘眾害道」。❷然而明清時代，多有道門信徒參與扶鸞，流蕩至今，在香港、臺灣的道教界，相當普遍地行此術。關於扶乩的來歷和性質，許地山 (1893–1941)《扶箕迷信底研究》曾做全面討論。這本

---

❷　張宇初：〈道門十規〉。

民國二十九年（1940 年）脫稿的書，儘管經歷了五、六十年的歲月沖刷，某些分析方法已覺不新鮮，但其收集的一百三十餘則個案，及條理化的嘗試，仍然極具價值。據許先生的研究，扶箕的源頭，在於降神、降筆，他舉陶宏景《真誥》和《周氏冥通記》為例，說明降神寫出字、書，由來甚古。而其直接起源則是民間的迎紫姑，他引南朝劉宋時的劉敬叔《異苑》卷五說，世俗有紫姑神，古來相傳云是人家妾，為大婦所嫉，每以穢事相次役，正月十五日感激而死。故世人以其日作其形，夜於廁間或小路邊迎之。捉其形者覺得沉重，便算是神來，於是奠設酒果，加以祭祀，即會覺得其神形跳動不住。當時記述其神的能耐主要是占驗眾事，卜未來蠶桑收成等。高興起來，便大幅度地舞動，不高興了便仰著睡眠。由之可以概見其事在南北朝已存在，所謂紫姑神為廁神。迎紫姑是民間的一種人人可施的簡易巫術，倒並不一定是非要巫師方才可以主持的。扶乩也叫扶鸞，《六部成語·刑部》「扶鸞禱聖」後注所謂：「巫者寫字于沙盤之中，假託神聖下降，曰扶鸞。」其中「巫者」也不過是泛指其人其事的性質近於巫術，倒不一定主其事者的身分、職業為巫師。此法唐代稍盛，宋代則頗普遍。

由上引材料，知扶乩、扶鸞與道法原無關涉。但在其發展中卻很快引入道教神仙，以道門符咒及文書為用。宋代的扶乩方法中出現設神座，上書「太乙真人」、「南華真人」等道教神仙和名號。同時，在扶乩中，也出現了類似道門篆書

的文字。沈括《夢溪筆談》卷二十一記招紫姑神，其書有數
體，甚有筆力，然皆非世間篆隸。其名有「藻牒篆」、「茁金
篆」十餘名。所謂「篆」，而非世上之體，正是模仿道教的雲
篆而來，只是自己別撰一體，別人無法辨認罷了。同時代的
蘇軾 (1037–1101) 所記，便更具道教特徵了：黃州汪若谷家降
神，自稱李全，給蘇一種「天篆」，內容是〈天蓬咒〉。❸〈天
蓬咒〉從南朝便已在道書中出現，後來以它為基礎衍生出大
部的〈上清天蓬大法〉，宋代正行時，「天篆」「雲書」是道教
符字中的一種，而各派天篆的字體並不相同，足見其間有相
當大的創制、構思餘地。扶乩中用「天篆」名，更明明白白
係吸收道教符字而成，儘管它或許另創新體，不必皆同道藏。

　　要之，在宋代扶乩術初盛時，便有仿道教符篆召神的方
法，也有扶出道教的文書、咒語的情形。這種情形，明清而
達於極盛。

　　扶乩原非道法，社會上行此術的主要也還是各類文人。
扶乩的原意為占卜。文人所占，無非祿（功名）、命、休咎。
又文人樂此不疲，所得的文字多為詩歌，也與扶者、觀者相
唱和。到現在為止，乩辭仍以詩體為多。至於民間的小姑娘，
迎紫姑的活動，大抵聊為取樂，很少有什麼文章議論詩歌酬
唱的雅趣。在文人參與的扶乩活動中，那方法漸漸規範，取
資於道法的便更多了。《萬法歸宗》中收輯的〈請仙箕法〉即
十分典型。〈請仙箕法〉，以三盤果子（餅類）、茶、酒各三盞，

---

❸　參看《蘇東坡全集》卷十二〈天篆記〉。

虔誠拜請。其中用的符咒大多或直接用道教符咒，或稍加改易。如〈梵香咒〉：「道由心合，心假香傳，香焚玉爐，心注仙願。真靈下降，仙佩臨軒。令臣關告，徑達九天，所啟所願，成賜如言。」實即道門功課中常用的祝香讚。所用的畫符方法也類同於道教，有淨水咒、劍指書符水，又有咒紙、咒筆等手續，畫符、焚符亦各有咒。符以五鬼為核心，則與道符頗有不同。所用的召牒則有：「虔請蓬萊仙眾、九天玄女元君、元始真人、天仙、地仙、五祖真人、少陽正純陽三位真君、五湖映雪三汀真人、玉軸道老仙女、紫陽真人、羅山仙翁葛真人、謫仙太白李真人、野人黃真人、雲彩門呂真人、紫霞崔真人、玉蟾白真人、南五祖真人、北七真真人、雲姊仙女、桂英、慶奴、道奴、雪奴、真卿、元真、玉肌素女、天上地下、水府、陰間、三島十洲洞天福地古往今來一切仙眾。」看來大部分為道教系統的仙真，也有一些小說中的人物，要為民間所信仰。但道門對元始天尊等高級仙必用奏章表文，絕不敢用牒。牒用於城隍、里司等等歸法師召役的神將仙吏。扶箕法中雖借用仙道權威，但對道門科範畢竟不甚熟悉，故錯訛難免。

前面提到北宋時扶箕扶出天篆、〈天蓬咒〉，實為扶箕談道的開始。許地山關於箕仙所降筆內容，專列「箕仙與人談道及教訓」一項，所謂「道」的內容廣泛，首列宋《楊文公談苑》所記法泉長老與紫姑對談，實為談禪。狹義的談道，指道教的教理教義，在扶乩中極多。許先生以為「談道底事」

不多見，因為他多用諸家筆記，雖然他曾寫過半部《道教史》，於道教文獻畢竟涉獵不深。實際上，明後期以降，直至目前的香港、臺灣地區，以扶乩談道的不知凡幾，且有長篇巨帙的乩文集問世。就以明清時期的重要道書而言，便可以隨手舉出幾個例子。

（一）《方壺外史》和《三藏真詮》

明代興化人陸長庚（1520–1601，一說卒於 1606 年）號西星，創立內丹東派。主要的著作有《方壺外史》、《三藏真詮》、《南華真經副墨》。前二種是典型的內丹論著，其中《方壺外史》流傳於社會，素來被視為該派主要文獻。陸原本沒有受過符籙或全真大戒。不過在屢試功名不就，方著黃冠服。其丹法自稱得自呂祖（洞賓）親授。據其自述，「嘉靖丁未，偶以因緣遭際得遇法祖呂公于北海草堂，彌留款洽，賜以玄醴，慰以甘言」，❹其丹法由之悟出。而所謂呂祖降於北海草堂，實即降箕。當時降箕所得，曾編為《三藏真詮》。其中多處提及呂祖及其他仙真箕降的事實。其中《三藏真詮·法藏第二卷》記隆慶二年降筆云：

> 真降，有形、神、氣三者不同。箕，神也；入竅者，氣也；可見者，形也。

---

❹　《方壺外史·金丹就正篇·序》。

所謂入竅指仙真降於身，可見，係其形露面。而當時呂祖所「降」，便是箕降。隆慶三年正月十三日箕壇對答中有云：

> 曰：神仙有身乎？曰：有之。今此來者皆神來耳，身不來也。曰：有身何不令人見之？曰：子修至七分，則自可見，今進箕而面矣。見之漸也。

可見，當時的「降」法，為扶箕所得。《三藏真詮》分〈華藏〉、〈法藏〉、〈論藏〉，約三萬字，可見其篇幅不小。如果考慮到因此「得悟」而寫成的《方壺外史》，那麼扶乩對丹書的創作影響之巨可見一斑了。

(二)《呂祖全書》

指呂巖的著作合集，清乾隆年間劉體恕彙輯。卷帙浩大，凡三十二卷。一、二卷為本傳及靈應事跡；末卷為呂祖誥，並附據說是呂祖徒弟的柳王等仙君的寶誥。當中二十九卷，皆稱呂洞賓的文集、經書。然而這些著作，除〈沁園春〉丹詞等少數幾種見於宋至明代的文獻之外，絕大多數都是清代新出，其中不少便是扶箕所得。比如據書前〈凡例〉所述：「聖跡靈應事多即龍沙顯跡，飛鸞演化。」又說「〈涵三雜詠〉，係飛鸞開演時所著。」其實其餘諸書，也是降筆為多，不過〈涵三雜詠〉特別典型罷了。據《呂祖全書》前乾隆九年〈序〉知道其中的〈涵三雜詠〉，是江夏（今屬湖北省）涵三宮扶箕

四十年所得的彙刊。據〈涵三語錄〉小序稱，本來「此等語極多，皆散失藏匿，而不及全錄」，則錄入的不過是四十年乩辭的一部分。〈涵三〉以外，如〈葫頭集〉，也是箕筆。這類扶箕所得的書，又常利用扶箕的方法，借神仙來作序，〈葫頭集〉前有鍾離權、陳摶和呂洞賓自序，蓋即所謂「駐鸞度世」之文。

上述二例，都是依扶乩而造道書。明清時代，此類書層出不窮，呂洞賓著作之外，如《張三丰全集》，雜有乩語也不在少數。直到清末，以及當代，這類依託乩文造經的過程仍在繼續。廣東和香港一帶流傳著一本《呂祖無極寶懺》，宮觀中且以它為科儀本子，經常用作拜懺，據說此本也是於清末時在廣東的西樵地方，扶乩所得。這本書記述了大量的呂祖（洞賓）仙跡、教誨，用典富贍，辭藻很美，看來是當時的扶乩高手所為，不是一般只會寫些似詩非詩的淺俗俚語的鸞生可以做得出。

迄及當代，臺灣、香港的乩壇上，託於仙佛的乩辭源源不絕地造成，且不少刊刻流行於世。其中有託名佛教系統的觀音、如來、濟公等降的，有託名於玉皇、關帝、呂祖、華佗等等道教系統的神仙的，呂洞賓的降乩尤其頻繁。所設的乩壇，有文人遊戲自創的，也有部分是道教宮觀所設；或有建立乩壇後，宣稱自己歸屬於道教的。當然實際屬於民間宗教的乩壇也不在少數。單說託於道教神仙的乩辭，大要有四大類。一是問吉凶，大抵源於扶乩的初意。一是談教化，多

勸世道德之語，即所謂神道設教的用心。一是談丹功及其他
修仙之術，是狹義的道教內容。一是談醫藥，多述疑難雜症
的對治。上述四類乩辭，或單獨一類，或諸類合刊，流布甚
廣。僅以筆者幾次前往香港短期逗留，即收得十數種。其中
如《玄音合刊》，是不加歸類的乩辭合刊，大抵四類俱全，而
以談治道教化，勸人為善為主。《內修篇》、《外修篇》以談內
丹修煉為主。《醫道還元》以論醫道為主。道教青松觀原來就
設有乩壇，曾經出過若干冊乩文的合刊，書名《松風》。據云
青松觀買下現在香港新界屯門的地皮時，曾扶乩問觀名，獲
呂祖乩示，觀名「青松」，且預言其觀將走向世界，故在其實
力壯大後，便在澳洲、北美洲的美國與加拿大、亞洲的新加
坡等地建立青松觀的分觀，可見扶乩的影響之深。另有一座
道觀省善真堂，出有刊物《道緣》，其中相當一部分內容係扶
乩所得。不過那裡臨壇的神真不限於道教系統的神仙，即以
蛇年所出一冊中，《師訓輯要》所提及的庚辰年（2000 年）
賜訓的師尊，就有文殊天尊、鴻鈞老祖、鍾離權大仙、李鐵
拐大仙師、呂純陽大仙師、關聖帝君、周倉大將軍、太乙真
人和玉皇大帝，大致上是混合了道教神仙（是為主）儒教聖
人和佛菩薩（後兩者為輔，且依道教立場做了修正）。同時，
另有兩個神明不知所出，源鈞老祖和慧感道人，前者可能是
鴻鈞的筆誤。這些神道的出面，應當受了《封神演義》的影
響。至於臺灣，鸞壇的活動更加活躍，所得也極豐富。不過
它與道教的關係，也是若即若離。民間的鸞壇或自成系統，

有的依附於其他的制度化宗教，其數甚多，所以引起諸多學者的研究，如宋光宇、王見川、王有慶、鄭志明等，皆有大作問世。王見川(1966–)《臺灣的齋教與鸞堂》❺曾做系統介紹。從這些先生們的研究看，臺灣的扶乩傳自大陸，在臺灣近百年獨特的社會生態環境是生根並成長發育，特別重於教化功能。那裡高明的箕手能扶出整本的書，近二十年來而且還有多種小說如《地獄遊記》、《天堂遊記》等，據說也是扶出來的。

　　重複地說，扶乩原非道術，且高道不認為本宗。但明清以後的道書創作，頗有用此法的。目前中國大陸道教中已不見用它，而港臺道教界對之則有納有不納。

四、與道教宮觀相聯繫的民間術數

　　中國民間流傳著大量的術數。比如推背圖、看相、算命、風水等等，名目極為繁多。這些術數，是古代巫術的遺存，歷代的人們又有各自的創造。其要義在於占驗吉凶，並作相應的簡單的禳解。那些術數，本來歷代的方士、道士都極為重視，不過在往後的發展中，也有高道出來反對的。命相等術數常託於某些高道，或與道門關係較深的人物，如《推背圖》附會在唐代袁天罡、李淳風身上，他們兩人正史中沒說是正式的道士，不過李淳風出身於道士家庭，他又以善占驗

---

❺　臺北南天書局有限公司，1996年。

出名，而且在《道藏》中有一本《金鎖流珠引》，是專門解釋道教法術的書，書前題名為「中華仙人李淳風注」，可能他確實參與過道法的傳授和整理。究實而言，大多數術數都是在社會上流傳，與道教沒有必然的聯繫。不過，也有若干種術數，是緊密地與道教及其宮觀聯繫在一起的。其中比較突出的有靈籤、杯筊和祈夢。

杯筊大約是受到《易》卦用陰－－、陽－符號的啟發而創制的，初流行於民間。但後來有人拿到神廟中禱告之後再擲，用來占吉凶。似乎經此一番跪拜如儀，借得了神仙佛祖的法力，那擲後預示的吉凶便更準確一些了。迄今為止在大陸的佛殿、神廟之前偶或還能看到有人跪拜祝告之後擲杯筊的，而在香港、澳門和臺灣地區，這種現象更為常見。現在流行的《觀音靈籤》，從形式上看，原是以杯筊擲得的，與通常的掣籤辦法不同。可能它在流傳和演變中曾與目前盛行於寺廟宮觀中的靈籤發生過某種聯繫。只是這種流行於民間的東西很少有文獻的記載，不易弄清其間的關聯。杯筊用一段竹子剖為兩半，擲得的結果有三種可能：一背一仰、兩仰和兩背。以其向背來占驗吉凶。因為它非常容易操作，民間人士都可自己在家或在廟中使用。同時，在民間舉行的各類祭神儀式中，不管是由道士主持還是由一般的巫師或民間人士主持，對敬神的日期、神出巡的路線，常常都要擲杯筊來決定。所以它在民間信仰中有重要的地位。

與神祠寺廟有著緊密聯繫的另一種占驗術數是求籤。它

比杯筊更加規範，有明確文字作為籤文，一般都用詩體，所以稱為籤詩。籤又稱靈籤，什麼時候出現的，已不可確考。據宋初釋文瑩《玉壺清話》卷三記載說，五代後周顯德 (955–961) 中進士、入宋曾做過宰相的盧多遜 (934–985)，小時候在雲陽道觀的廢壇上抽得一支籤，後來他一生的重大事件與籤上的預示完全一致。從這條資料看，籤的出現，必定在五代甚或之前，因為盧多遜抽的已是「廢壇上古籤」。求籤原是民間信仰的一種形式，不過，其籤係於某一具體的神靈，可以是佛菩薩，也可以是各路神仙，當然也可以依存於民間信仰的某一神靈。

關於求籤還有一些專著，《籤易》就是其中的一種。不過這種學究的著作，與民間實際的求籤活動關係不大。古人記下了不少求籤應驗的逸聞，但很少對籤本身進行研究。容肇祖先生為研究《周易》的卜筮，曾去各祠廟收得籤書十八種，計有關帝廟、都城隍、土地、灶神、華佗、康公、上帝、三界聖帝、呂祖、醫靈大帝、東嶽大帝、天后、財帛星君、觀音等籤（〈占卜的源流〉，載《古史辨》第三冊）。從求籤的神廟來看，屬道教系統的居於主導地位，這大約是由於不少民間信仰併入了道教。從內容看有隱喻、詩句、注解、預測吉凶禍福。容先生收集的是近代的籤，《道藏》中尚收有明代和此前的籤。其中《四聖真君靈籤》可能是宋元時代的，因為四聖的封號起於北宋，崇於南宋，明代已不那麼行時，而且其中的真武已升格為玄天上帝，另有自己的靈籤，只是仍然

是四十九籤，還有一些與四聖關聯的痕跡。《靈濟真君靈籤》則決然可定為明代出世。其他幾種朝代不清。

對於籤的信賴程度一般是與某神靈在一時一地的民眾中的虔信程度成正比的。

清代迄及現代，觀音、呂洞賓、關帝在民間信仰中影響最大，而他們的「靈籤」似乎也更靈一些，尤其觀音籤和關帝籤，求之者既多，幾百年中，主其事者多次加工修改，形式上也較完備。即如〈關帝靈籤〉籤詩一百首，外加〈籤王〉一首，一百首籤詩各有一個取自歷史或神話傳說（乃至小說、戲文）的故事為標題，又在詩後標明「聖意」、「東坡解」、「碧仙注」，又有「解曰」、「釋義」，都是解釋籤詩的，但顯然不出於一人之手，另附「占驗」一項，宣揚前人得此兆時應驗的事跡。這倒可以看出，此類籤求之者歷代不息，倒使其愈益完備，信仰的人也更多。在福建沿海和香港、澳門及臺灣地區，天后媽祖的信仰占有突出的地位，她的靈籤，也具有崇高的威望，求的人很多。因為社會生活發生了很大的變化，加上醫療衛生條件的改善，人們生活中原來的難題已不存在，或者減輕，有關的靈籤也退出舞臺。如古代婦女中難產等問題在現代發生率大為降低，即使發生，也會向醫生尋求幫助，所以像專司生育的保護神衛房聖母已經沒有了重要性，向她求籤的人大為減少，除了《道藏》中保留下來的〈衛房聖母靈籤〉，民間恐怕對她和靈籤都很陌生了。

籤的內容當然是以占吉凶為主，不過它們本來由人所擬

成，只是為神代言。所以其中常常寄託一些道德教化，同時也會滲入造籤者自己的美好願望和情感。舊時浙江杭州西湖畔有一座月下老人祠，供奉月下老人。據說，他主管天下男女的姻緣，凡是有緣的，皆預先以紅線繫足，以後不論他與她相隔萬里，日後總能成為夫妻。所以民間凡要求問婚姻之事，常去他的祠中燒香求籤。西湖邊的月老祠，有籤五十五支，籤詩雜採《詩經》、《論語》、《孟子》和古人辭賦詩曲名句構成。以《詩經》第一首名句「關關雎鳩，在河之洲，窈窕淑女，君子好逑」作第一籤，以《西廂記》「願天下有情人都成為眷屬」作第五十五籤斷後，顯然存有強調婚姻神聖純潔和祝願婚姻克成的用意。

　　祈夢是到佛寺、道觀或其他神祠廟宇中去求夢，請神仙佛菩薩們在夢中對自己心中的疑惑指點迷津。對夢的迷信及其解釋由來已久，可以追溯到原始時代，古代典籍中有不少記載。古人對夢是極為重視的，認為夢境是一種預兆，或者是某種啟示。所以古人做了夢，常要請人解釋夢境的涵義，叫做圓夢或解夢。圓夢是巫師的職責之一，楚辭〈招魂〉的巫陽就自稱「掌夢」。《周禮》中更有專掌夢占的職務，隸屬於春官大司伯。在民間則有《解夢書》出現，《道藏》中也有些夢占的零星資料，《太平廣記》收輯北宋以前有關夢的故事達七卷之多，不過，那些故事基本上都是說夢境的靈驗，主導的傾向是圓夢，而非祈夢。圓夢可以說是對夢境的消極應付，祈夢可是主動地探求了。這種探求是以對夢的迷信為基

礎的，又以對佛教道教或其他宗教的神的崇拜為前提。企圖
通過本人的虔誠禱告，由神靈託夢，預示吉凶，指導行動。
從祈夢的出現，我們可以看到佛教、道教對民間信仰習俗的
指導、支配作用，到佛寺或道教神廟中去祈夢的人大多數不
是真正的佛教徒和道教徒，所以將祈夢視為民間習俗亦無不
可，而將它看作簡易巫術恐怕也沒有什麼不妥當。除佛道二
教的寺、觀之外，儒家紀念先賢功臣的祠廟中的一部分，也
是祈夢者常去的地方。比如明代名臣于謙，以正直清白著稱
而冤死，平反之後立祠，到了清代，祈夢者常去光顧，據說
是祈來的夢是極靈的，《清稗類鈔》中便記了幾個靈驗的夢例。
其中一個故事說，有人到于謙祠祈夢問前程，夢見神前的皂
隸摸自己的屁股，醒後大罵于謙號為正神卻管不住屬下。後
來呢，沒多久被派到龍陽驛去當差役，這才想起，原來神是
暗示他將去龍陽——古代男性同性戀者雌伏的一方稱「龍陽
胥」。這夢解起來費點曲折。大凡神示，都是影影綽綽，不肯
輕易洩露天機。一般去祈夢的，對於夢境的「啟示」是十分
注意解釋的。有的多方猜度，有的在事後湊一些現象以附和
夢境，但一般是盡量按神示的要求去做的。如：李知幾少時，
祈夢於梓潼神，當晚，夢見來到成都天寧觀，有道士指織女
機石對他說：「以是為名字，則及第矣！」李遂改名石，字知
幾。那一年省試，便出了省（有資格去考進士）。❻

---

❻ 參看南宋·陸游:《老學庵筆記》卷一。

五、散入民間的道法片斷

　　道教的法術,是道教為民眾從事宗教服務的重要的方式,長期在民間流傳,自然也會散入民間,在民間的巫術中得到傳播,從某種意義上說,也是對其故土的回歸。不過,民間的巫術本來規範不怎麼嚴格,即使採入道法,也不一定全部恪守,而常常與慣常的做法雜糅起來。從這個意義上說,民間對於道法的採納只是片斷。

　　民間舉行的各類齋醮活動,依附於不同的神靈,有時祭的是道教仙譜裡沒有的、只在一地民眾中受到祭拜的神,也就是我們說的民間信仰的神,但因為請了道士先生為法事主持,所以採用的基本上是道教的儀式,同時摻入一些民間做法,也有民間的巫師受到道教的影響,在祭神、驅瘟、求雨等法事中,採用道教的儀式,所以實際的情況相當複雜。而民間巫師採用道法,便會有種種的修改,以期符合那裡的民眾原有的信仰和做法事的習慣。這裡且引雲南昭通地區鎮雄縣的打醮儀式為例,稍加說明。打醮,原是道教儀式的一種,或者是其醮儀的民間稱呼。據王勇先生〈端公「打清醮」儀式實錄〉❼介紹:流傳於雲南省昭通地區鎮雄縣農村的「打醮」儀式,是一種由端公(巫師)主持、群眾參與、規模較大的酬神祭祀活動。這種活動約在明朝中期由中原一帶的漢

---

❼　載《祭禮·儺俗與民間戲劇》,中國戲劇出版社,1999 年。

族移民傳入，流傳至今。「打醮」有二種類型：一類為「打雨醮」，係夏日天旱，由端公主祭，建醮酬神，祈求甘霖的法事儀式；另一類為「打清醮」，目的是祭祀神靈，驅瘟逐疫，祈求清吉平安，六畜興旺，稼禾豐盈。隨著社會的發展與進步和人們觀念意識的變化，流傳了數百年之久的「打醮」活動已趨衰亡。

根據王先生的介紹，端公所行的儀式，有樹幡、開壇、蕩穢、啟經、上表、掃（送）船、施食等內容，與道教醮儀大關目上基本一致，可以看得出是從道教法術中移入。但在具體做法和對某些法事環節理解上，則做了自己的修正。比如，他們稱為「鋪佛」的，實際上是安立神位，其重點是玉皇等神，那是以民間的稱呼指稱這一儀式環節。而最為典型的是送瘟儀式對道教的繼承和自己因地制宜的創造相結合的做法。送瘟，從宋代以來，便例要用船。但用什麼樣的船，各地差異很大，有用竹子與紙的，有用茅草的，有用木頭的，而這裏的瑤族同胞做成「羊船」。「羊船」既象徵祭品，又是用以遣送瘟疫的用具，製作也很麻煩。先是用竹篾編製一隻綿羊的骨架並固定在一長條木凳上，最後用彩色紙條粘貼裝飾起來，其形狀就像一隻臥在獨木舟上的羊，長條木凳在此具有「船」的象徵意義。此外，「羊」的背上留有一個碗口大的洞以備裝進東西；脖子周圍也盡可能粘貼上五顏六色的紙條，即「羊鬍子」。在法事「掃船」的時候，這些「羊鬍子」會被人們爭相扯去。據說，人們把「羊鬍子」扯去後丟到牛

圈、羊圈、豬圈、雞圈裡避瘟疫，還可燒成灰來敷治瘡疥等病症。在「羊」的耳朵上掛一對「吊子」，上書「驅瘟遣疫去洛陽，人物咸豐得安康」。到了法事將要完成的前一日，要舉行掃船的儀式。即要用「羊船」把瘟疫送走，否則就失去了「打清醮」的意義。這項活動從上午開始，要到次日上午方能完成。一般由四個端公去做，一個扛「羊船」，一個吹牛角，一個背背簍、提土罐，一個敲鑼，挨家挨戶進行。每到一戶人家，端公即在門前高呼：「天上烏鴉叫，地下羊船到，法師來掃蕩」，之後，將「羊船」頭對主家門，鳴角、敲鑼，主人家開門迎接。領頭的端公進屋後，先「打醋壇」（用土碗裝上冷水，然後從火爐內撿一塊炭丟在水碗中，冷熱相激便有熱氣升騰起來，謂之「打醋壇」，端公們認為可以袪邪除穢），然後打卦，如是陰卦則止，接著宣「口意」：

> 天瘟地瘟年瘟日瘟時瘟，長灶短灶冷灶熱灶五五二十五灶、六六三十六灶行火，叩請北方壬癸水德星君，押返洛陽，千年不發著，萬年不發生，八字陰卦，輕聲閉下。

主人家將準備好的一縷麻線、五根彩色線和一個雞蛋交給端公放到「羊船」內，另外夾一塊火炭丟到端公帶來的土罐內，即表示將各種不祥帶走了。之後，端公將「瘟火牌」揭下丟到「羊船」內，發給「清淨符」，一戶人家的「掃船」即告結束。

　　從掃船儀式看，主要的禮儀都是來自於道教的，念的咒語也差不多，只是稍精簡了些，有點咒語改得更為俚俗，同時，「羊船」既是送瘟工具又是祭品，而且羊身上的物件又具有辟邪的功能，顯然是將民間的習俗與道教的法術糅為一體，表現出在接受法術的指導的同時，又敷上了當地民間的驅邪、敬神的習慣。

　　在湖南西部的苗族有一種咒水治病的儀式，其中也摻雜有部分道教法術的成分。張紫晨 (1929–2001)《中國巫術》一書曾引用過二十世紀四十年代的《湘西苗族調查報告》，其中提到一種畫水治病的巫術。據說，畫水的巫師，都有嚴格師傳，而其儀式是：

　　　　畫水的儀式，用燭一對，香三支，碗一只，內裝米，肉一塊。另用一杯，盛清水。紙錢若干。巫士在開始作儀式時，腦中須想像師父傳授時的情形。先燃燭，再點香，將香插在米碗內。米上須放利市錢，多少不定。然後再將水杯、肉杯及肉一一放好。巫士乃向香案行三叩首禮。禮畢，焚化紙錢，將水碗取下，左手以大、食、小三指叉杯（中指無名指曲於掌心），右手以食、中二指相併，對水杯畫符三首。畫符時默誦請師父口訣。同時想像師父傳授時的狀態。請師口訣念畢，即念畫水口訣，念至某段某句時，即喝水一口，向病者噴去，或將杯水使病者飲之。如遇急病，或在

野外山上受傷，不及擺設香案，只須燒香紙，念咒畫
符，用唾沫唾病人傷處。

畫水的咒語，可分為兩部份，一為請師父的口訣；二
為水的口訣。各種畫水的咒語內容，請師的口訣，大
同小異。水的口訣則各不相同。

其中的有一種「將軍水」：

將軍水：治忽然昏倒的急症。請師口訣是：「奉請肉口
傳度師父某某。抬頭望青天，師父在中間，一叫自到，
一喊就來。在我身前、身後、身左、身右，跟前擁後，
跟左擁右，藏我身，變我身，不見我身在哪裡，左講
正水，話（右）講正水，畫起銅刀鐵刀。銅刀殺鬼，
鐵刀殺鬼。」

念完了請師父口訣，再念水的口訣：「動一腳，喊一聲，
喊到上元大將軍。第一將軍本姓唐，一時做了李國王，
腳踏推車八百軌，如在老君點內房。老軍殿前十軍廠，
受走一張文武件，受起天上振妖真。招得龍，服得虎，
斬得羊毛授邪真。二月新災買活羊，一刀砍斷送長江
（至此，巫士喝水一口，聲帶虎威，噴在病人身上，
同時頓起一腳，再念下去）。退不退，將軍等你下地來；
走不走，將軍等你來上手。如今不退等好些，百鳥退
山退美人。」❽

此後，還要念上元大將軍中的葛、朱二位。

這些畫水治病的方式，並不是道教所特有，用咒過的水或其他食物乃至於草木泥丸給人治病在許多民族那裡都有過。不過，苗族的這一方法，明顯受道教的影響。其中提到請師父的辦法，實際上是從道教的請師、變身一類儀式成分中來，所謂「想師父」，道教中稱為存想，即通過法師想像師父（按：此師父，實際上是前代的祖師，也就是仙師）臨壇並在意念中一直將之保持住，此時的法師便是仙師的代表，可以有種種神通。而「藏我身，變我身」，即自己與仙真為一，「本人」卻不見了。只是在壇場上，道教的儀式比較規範，而苗族巫師的做法比較簡單。咒將軍水中請的「上元大將軍」，應是三元大將軍，本是天師道的三位神將，分別是唐宏、葛雍和周武，不知怎麼姓周的那位被改成了姓朱，姓唐的，原來與李姓王朝無關，因為其神在東漢就出現，那時還沒有姓李的做皇帝（王），巫師卻拉他做了「李國王」，大約從唐朝的李姓皇朝聯想而及。請這三神將，道門中的專門的符籙，到了這兒，便大大精減，只用一些俚俗的咒語了。

上面說到的是道法影響到某些少數民族的情況，至於漢族民眾，受到道教的法術特別像符、咒一類的影響就更普遍了，民間到處可以看到散落的道法斷片。近代天師府所傳的〈張天師祛病符〉，分別一月三十日得病緣由（自然是幻想的神鬼作祟之類）對症施符，信之者較多。鎮宅驅邪一類的符

---

❽ 《中國巫術》，上海三聯書店，1999 年版，第 171–173 頁。

也占有相當數量。在迷信的古代，安土重遷的中國人對自己的宅舍（陽宅）以及家畜的宅舍的平安是十分注意的，同時對墳墓（陰宅）的平安也有同等重要的關心，那些鎮宅靈符、陽壙符、六畜興旺符等等，就是為此製造出來的。在萬物有靈論有廣泛市場的中國人中，許多人相信宅舍不安是邪鬼精怪作祟，平安與驅邪是一而二二而一的事，所以這類符名目繁多，使用頻率也很高。以天師的名義傳的符中，有不少是為維繫家庭和睦的，諸如鎮父子不和、子孫不和、夫妻不和以及春心符、男女和合符，有一大串，凡是人們在家庭生活中頭痛的問題都一一對症下符，設想得十分周到。

　　與符相近的還有印。道教天師有印，神道也有印，諸如城隍之印。以印印在紙上，也被視作驅邪靈物，與符起的作用其實並無二致。這些印在民間也很有影響，像茅山元符宮裡的玉印，上山燒香的都要蓋一方以辟邪，上海城隍廟中的城隍印，來請的民眾也不少。

　　符在道教中得到了全面的發展，又在民間得到了推廣，但符並非全要道士來繪製，民間的巫師，會畫符的也有不少。如清代有江西人所傳的斷瘧符，其符用黃紙朱書，或倉卒時即白紙墨書亦可，惟須潔淨。書就焚化，入清水內攪勻，等澄清後，令病者飲之，便能痊癒。如果病瘧久了，則加黑棗一枚，去核，嵌入朱砂一分左右，煨熟後去棗，即取朱砂攪和符水內飲之，也很靈驗。❾這種符畫法既很周詳，在民間

──────────

❾　清施鴻保：《閩雜記·斷瘧符》。

流傳，所以不必一定去求道士的。筆者小時候亦看到過蠻師（大約如北方的神漢，為一農民，鄉民有災病時才求他）畫符。有位親戚生瘰疾曾求得一符，用黑墨書於黃表紙上，將符燒灰，沖水。又用白線纏在一枚鴨蛋上放火爐中煨熱，然後喝符水吃鴨蛋。病治好了沒有呢？卻是沒有。在道教中畫符有念咒、捏訣閉氣、運氣等相聯結的，成為一整套的秘法。巫師畫時只有洗手淨口等簡單的手續，想來從道教中只學來點三腳貓的功夫。

咒在道教法術中，有單獨使用的，更多是與符、訣、禹步等配合使用，與符的關係尤其密切，不僅書符要念咒，而且往往與符拼合在一起，稱為符咒。咒單純是口念的，符咒則可粘貼於壁間或攜在身邊。道教符咒極多，其中一部分是道士修煉所用的，多數則是道士為民間行法所用的，有的並售與民眾作為鎮宅、護身諸用，這兒且舉一例〈合家鎮煞粘堂上咒〉（圖八）。

這是一張符與咒的結合體，咒語似通非通，所稱的普庵祖師是佛教的名僧，看來是二教混合的產物。道咒的不少已溶入民眾的日常生活之中。另外有一些民間的咒，雖然不一定會出道教，但卻看得出與之有些聯繫。

《水滸》第七回寫魯智深與眾潑皮在相國寺菜園裡喝酒，聽得門外老鴉哇哇的叫，眾人有叩齒的，齊道：「赤口上天，白舌入地。」原來眾人怕老鴉叫有口舌是非，所以加以厭勝。那念的便是簡單的咒語。是否一定源於道教自然不可肯定，

但念咒前「叩齒」一舉，則顯然受到道教影響。叩齒，又稱叩齒集神，是道教誦經、修煉、施法中廣泛使用的方法，說是叩齒猶如鳴法磬，能召集身中諸神歸位。念咒前要叩齒，為的是在施法時精神旺健，凝聚於身以便發揮出最大功力。

　　總而言之，道法在民間有很高的威望，民間的巫師會採用其中的若干成分，民眾也會學得其中的一鱗半爪。

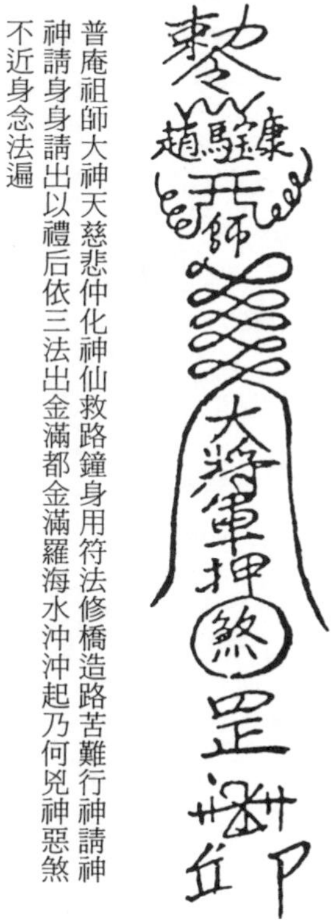

普庵祖師大神天慈悲仲化神仙救路鐘身用符法修橋造路苦難行神請神神請身身請出以禮后依三法出金滿都金滿羅海水沖沖起乃何兒神惡煞不近身念法遍

圖八　合家鎮煞粘堂上咒

結束語：在中國文化大背景下的互補和演變

上面從不同的視角討論了道教與民間信仰的關係。因為講的是兩者，不能不強調它們區別的一面，即使談論它們的互相滲透，也是以兩者處於不同的地位、具有各自的特性為前提。但是如果我們將道教的民間信仰放到更加廣闊的視野中，比如放到中華民族的全部文化的大背景上，放到中國文化與世界其他文化體系的關係上，去看待，那麼便會發現，兩者具有共同的文化基因，在一定條件下都會表現出一致的文化精神。

如我們在前面談到過的那樣，中國古代宗教的發展與西方有重大的差異。儘管在最初的階段，中國和西方一樣都有過原始宗教，而且是全部文化和以後的各類宗教的歷史起點。然而，從進入文明時代以後，特別是到了西方學者稱為軸心時代的西元前第一個千年的中後期，即相當於西方的古希臘羅馬時期、中國的春秋戰國時期，中國和西方宗教的發展各自表現出鮮明的特點。西方宗教，以猶太教和紀元初形成的基督宗教為代表，走的是一神教的道路，而且與之相適應，壓制著原來的自然崇拜和偶像崇拜，也力求以教會的力量壓

迫巫術和巫師。而在中國，卻在主神信仰之下，容納了多神，原有的自然崇拜和巫術都被組織進了制度化宗教，當然也同時做了改造；而原有的大量的自然崇拜、人鬼崇拜、對天神地祇的信仰，由皇朝祀典中散落下來的碎片，制度化宗教佛教和道教的佛菩薩和神仙中的一大部分，又都在民間流行，再加上民眾不斷的造神活動，源源不絕地冒出新的神靈，共同構建了我們所說的民間信仰。從西漢和東漢之交佛教傳入中國，東漢時道教形成正式的教團組織，以後慢慢形成儒家和佛道兩教為文化主幹的格局，而民間信仰則與三者若即若離，即既受三者的制約，又在一定程度上在三者 —— 歷史上稱為三教 —— 之外獨立流傳、演變。在所謂三教的關係上，真正成為官方意識形態主幹的，實際上是儒家思想，而佛教和道教兩種宗教❶總的來說是處於輔助的地位，而三教又是處於皇權的支配之下，服從和服務於皇權。歷代的皇朝對於三教是綜合利用，也各有節制，對於民間的信仰，雖有干涉，如對其中一部分不合官方祀典的內容，也會下令禁止，但並不經常，也不徹底。至於主張一神教的基督教，在中國人口中所占比例不大，伊斯蘭教只在回族、維吾爾族等十個少數

---

❶ 歷史上合稱為三教的，包括儒、釋、道三者，一般認為儒家是一種政治、社會學說，不是宗教，而佛道兩者才是真正意義上的宗教。但也有人主張，儒也是宗教，稱為儒教。此說在中國大陸以任繼愈先生提倡最力，而其學生李申有煌煌數十萬言的《儒教史》。本書分別三教為兩種不同的意識形態，不取儒教說。

民族中傳播，在它們的信徒以外，對廣大區域的數量龐大的民眾的信仰不可能起多大的影響。這樣，宗教組織既不能直接掌握或實際支配世俗政權 —— 如西方中世紀曾出現過的天主教支配政教合一的社會權力，以及伊斯蘭教誕生以後在一部分國家曾以或仍然以伊斯蘭教法為治 —— 當然也無法將自己的信仰在社會上完全推廣，形成的是多種宗教在社會並存的局面。至於那民間信仰，便在這種特殊寬鬆的宗教生態場中，在多種宗教的夾縫裡，四處蔓延，隨時紮下根去。正是這種社會環境和文化氛圍，造成中國大地上到處存在著制度化宗教以外的神祠，民眾自發的崇拜行為，以及民間巫師、命相堪輿術士的活動。

因此，我們討論的對象，無論是道教，還是民間信仰，都是在中國歷史上形成的，生存於中華民族所處的社會環境和文化氛圍中，在它們身上，體現了中國文化的特徵，表達了華人精神生活的若干重要的方面。這一點，在中國文化與其他文化相碰撞時就表現得十分突出。明代末年，有利瑪竇等西方傳教士進入中國，他們主張的一神教便與中國人的敬天祭祖習俗產生衝突。在當時和以後的天主教徒眼裡，中國人信關帝，信觀音，以及諸多的神靈，又設為偶像加以崇拜，都是與天主教的思想根本上相違背。中國的天主教徒，曾著成小冊子加以批判。有一本題為「徐文定公（即徐光啟，1562–1633，中國最早一批天主教徒之一，著名科學家，曾官禮部尚書、文淵閣大學士，諡文定）譯」，而實際上可能編定於清

初的《破迷》，就廣泛地「破」當時有影響的佛教、道教和民間的各類信仰。如破人迷風水地理，迷信擇日星宿吉凶，破迷誤認玉皇為天地之主宰，破信關雲長、劉猛將、施相公（劉、施都是環太湖流域的民間神，後又都歸入道教，被當地道教所認同）、玄天上帝和觀音等，也破迷張天師行雲布雨，破迷十殿閻君掌握判斷生死等等，幾乎道教和民間信仰的神靈，道教的法術，民間的術數，都在所「破」之列。❷這是西方宗教進入中國時的情形，從另一方面說明道教與民間信仰所具有的中國氣息。臺灣讀者大多數清楚臺灣日據時期，日本當局為消解臺灣民眾的民族意識所進行的「皇民化運動」中，道教諸神與民間信仰諸神同遭摧殘的歷史。它也從反面說明，道教與民間信仰一起，都是中國文化的凝聚，其中有著中華民族的若干精神積澱。近代以來，華人為謀生計求生存尋找發展機會，不少人離鄉背井下南洋，去西洋。在面臨新的陌生環境時得不到安全感時，他們往往從家鄉帶去原來的信仰，到了一處落腳後，便在當地建祠廟供奉。所以在華人與其他種族的民眾共處於一地時，常常以從故國帶來的神廟為聚集之所，以祭拜家鄉的神靈為團結的紐帶。所以在許多地方，華容華貌的神佛，中國式的寺廟宮觀建築，成為華人文化的重要象徵，而與其他民族的文化相區別。

在民眾中，道教與民間神靈的信仰，也是其精神寄託的

---

❷　參看徐宗澤編著：《明清間耶穌會士譯著提要·破迷》，中華書局，1989年。

重要載體。正如已故的著名文學家沈從文先生談到他故鄉湘西鳳凰城一帶的民眾時說的那樣：「他們那聽天安命的人生觀，在這隨命運擺布的生活下，各不相擾地生兒育女，有希望，有憤懣，便走到不拘一個廟裡去向神申訴一番，回頭便拿了神的預約處置了這不平的心，安安靜靜地過著未來的日子。」❸讓神安撫民眾的心，解除，或者只是由之擱起心中的煩惱，燃起對未來的希望，是道教和民間信仰共同的社會功能。

同時，道教與民間信仰也一起參與著中國社會或者某一具體社區的整合。不僅如同前面說到的，祭祀共同的信仰對象，是華人精神上統一的一個表現，而在共同祭祀、為禳解災害而進行的集體性的祭神、施法的過程，正是社區團結的重要紐帶。像南方數年乃至於數十年為週期舉行的地域性的太平清醮、中元普渡、送大暑船之類活動，都顯示了平時很少聯絡的中國人的精神的和實際組織上的聯繫，喚起一時一地的人們的集體意識。道教神仙和民間信仰的神靈的廟會也往往起著同樣的作用。

另外，道教與民間信仰一起，也長期在民間起著某種道德教化的作用。民間的勸善書，不管通過道教神仙說出道理，還是通過民間的鸞堂降下神意，其大部分，都是向民眾普及著種種道德教條，勸導人們改過從善。這些以神仙佛祖名義

---

❸ 《沈從文文集》第一卷，第 418 頁，轉引自《沈從文和他的湘西》，上海文倔出版社，2001 年，第 268 頁。

頒發的道德教條，還隨著新的社會問題的出現，做出有針對性的創作。近代臺灣的扶乩，據說最初就是為了提倡戒（鴉片）煙而從廣東引進的，近年在臺灣高雄文化院等從事扶乩的場所裡也還傳出戒毒的宣傳品。誠然，在他們宣揚的道德戒條中，優秀的為我們民族公認的倫理規範，與某些已過時的教條會並存出現，而且民間信仰的實踐有時會離開道德本身的約束，淪落為狹義的祈禱邀福，但從總的方面看，無論是道教，還是民間信仰，在維繫中國傳統倫理方面，都起過，也仍然起著重要的作用。

　　總而言之，道教與民間信仰有著共同的文化素質，那就是它們都脫胎於中國傳統文化，也是中國人包括海外華人民族傳統的載體。正由於它們在中國文化的大背景下活動，才能發生我們前面提到的各種關聯，特別是在功能上的互相補充。

　　我們討論的對象本身是發展著的。道教存在了近兩千年，與漢代以來的民間信仰構成的各種關係也存續了近兩千年，目前，無論是哪一方面，都仍活在中國大地上，也流傳在海外華人之中，都沒有停止發展的跡象出現。就民間信仰而言，民間的造神運動素來沒有停止過。如宋光宇先生指出的那樣，臺灣民間信仰的基礎是原來流行於福建省泉州、漳州、汀州、興化，廣東省的潮州、惠州、嘉應州等地的地方信仰。在原有的將家鄉的信仰神祇帶到臺灣的基礎上，又根據「英雄崇拜」和「精靈崇拜」的原則，對於英雄人物和精靈也加以膜

拜，於是形成新神格不斷出現的現象。他並綜合徵引了李亦園、董芳苑等先生的觀點，具體指出了新神格出現的表現。❹他在書上轉引的董芳苑所舉李勇崇拜一例，極生動地表現了我們前面談到過的民間將文學作品中的人或神當成崇拜對象的情形。李勇是電視劇《嘉慶君遊臺灣》中的英雄人物，實際上嘉慶皇帝從未到過臺灣，劇中的李勇也是一個藝術的虛構。民間原有小型的李勇廟，但只是一個無名的小神，與電視劇中的虛構沒有關係。電視劇播出後，李勇名聲大噪，李勇廟也成為香火鼎盛的觀光勝地。「這是電視影響民間信仰的最佳例證。」❺宋先生並介紹說，蔡懋堂〈臺灣現行的善書〉一文的附錄二，表列他從各種善書、降鸞詩文、偈示、話旨等作品抄錄出來的各種仙佛名號，共有三百一十六種。其中大半是不見經傳的。❻由於臺灣港澳三地都有興盛的鸞堂，此類不斷由鸞堂和其他善書推出新神的活動都不少見。

　　中國大陸的社會狀況與臺港澳有所不同，民間信仰要冒出新的神祠比較困難，但也有某些新神出現的跡象。數年前，河南省駐馬店市某縣某鄉某村某農戶家的土牆上突然顯現出毛澤東、周恩來和朱德的影像。消息傳出，前去參觀者絡繹於途。前往燒香禮拜者不少，有普通百姓，也有地方官員，

---

❹　參看宋光宇：〈當前臺灣民間信仰的發展趨勢〉，載入《宗教與社會》，東大圖書股份有限公司，1985 年。

❺　見《宗教與社會》，第 225 頁。

❻　《宗教與社會》，第 226 頁。

有知識分子，也有退休軍官。據說，該戶主因為收受供品與禮錢而發了財，蓋起新屋，老房子變成專門供人祭拜的神廟了。❼這是新出的民間神靈。前些年，南方某些地方的計程車多掛毛或周像，有學者在討論中國行業神時，提及於此，認為系計程車的保護神云，不過，似沒有得到公認。不管怎麼說，只要民間造神運動的社會條件和文化氛圍還在，此類在文化精英們看來近於荒唐的事情就不可避免地會發生。至於原有的各類民間的神祠，近二十年來得到恢復的也不在少數，在福建省一帶尤其普遍。而各類從事巫術活動的仙姑、神漢，近年也時有所聞所見，命相和其他占驗、禳解術數也有升溫之勢。

　　道教和民間信仰都處於變化之中，它們之間的關係，當然也會繼續發生種種演變。道教中的部分神仙，可以從其整個神譜中游離出來，在民間得到崇拜，演變成民間信仰的一部分，同時民間的神廟也會重歸於道教。這一點近年在海外華人中表現相當典型。海外華人的神靈從家鄉移植而去，初時並沒有統一的規劃，而是由各地自發地移去。因此，即使是原來已經歸屬進道教神仙譜系的，也會在一時一地的華人社區裡得到獨立的發展。像大八公（土地神），在仙譜裡幾乎處於最基層，但在海外華人中卻可以演變成獨立的大廟。中壇元帥哪吒本來只是一個護法神將，但卻可以成為某些社區中主要的大廟。而近年來，某些東南亞國家中的華人，開始

---

❼　曹錦清：《黃河邊的中國》，上海文藝出版社，2000 年，第 172 頁。

出現地區性或全國性的道教組織，某些原來從道教淪落到民間的神，或者原來就是當地的民間信仰的神靈，所供奉他們的神廟，參加了當地的道教組織，又重新經歷了制度化的歷程，或者只是披上了制度化宗教的外衣。民間信仰與道教的關係的演變，同樣也在中國大陸和臺港澳地區發生。

　　因此，我們在結束本書時，並沒有，也不可能結束對道教與民間信仰的考察研究。因為它們兩者，以及兩者之間的關係的演變都還在繼續。

宗教文庫

認識多元的宗教知識，培養理性的態度及正確信仰

圓通證道——印光的淨土啟化　　陳劍鍠／著

佛教自清朝雍正皇帝以降，因未能防止無賴之徒剃度為僧，故僧流猥雜，使得佛法面臨滅法的劫難。在這種逆流的環境下，印光大師續佛慧命，啟化佛教信徒要能慎思明辨、確立正信；他並提倡他力往生的淨土思想，建立求生西方極樂的堅定信念，為人世間開闢了一片希望的淨土。

伊斯蘭教與中國社會　　葛　壯／著

曾經有一個虔誠的穆斯林說：「如果我信仰真主，當然是我優越，如果我不信仰真主，這條狗就比我優越。」就因為穆斯林們的堅定信仰，使得阿拉伯的伊斯蘭文化不斷地在中國各地傳播，並與中國各朝代的商業、政治、文化及社會產生了密切的互動。且讓我們走進歷史的事跡裡，一探穆斯林在中國社會中的信仰點滴。

滿族薩滿教　　王宏剛／著

「薩滿」為通古斯語，意為「知曉神意的人」。薩滿教是北方先民用集體的力量擺脫蒙昧的一種文化形態，它記錄了人類童年時代的某些精神景觀與心靈發展的歷史軌跡。本書深入「白山黑水」的東北滿蒙地區，為你揭開一幕幕美麗的原始神話，讓你飛翔在薩滿的萬物神靈裡。

佛法與醫學　　川田洋一／著　許洋主／譯

醫生通常可以告訴您生了什麼病，卻無法確切地告訴您為什麼會生病；「人為什麼會生病」這個問題，似乎牽涉到生命意識的深層結構。本書由世尊的覺悟內容做為起點，有系統地論述身體與宇宙韻律的關係，並詳細介紹佛門的醫療方法，為您提供一條健康喜悅的生命之道。

宗教文庫

堅定的信仰，高尚的道德品格

大乘佛教思想　上田義文／著　陳一標／譯

　　大乘佛法的義理精闢艱深，諸如「色即是空」及「生死即涅槃」等看似矛盾的命題，更為一般人所無法清楚地理解；而如果我們不先將這些基本概念釐清，則勢必求法無門。本書以清晰的思路帶領大眾思考大乘佛教的基本概念，並對佛學研究方法提出指引，使佛法初學者與研究者皆能從中獲取助益。

佛教經典常談　渡辺照宏／著　鐘文秀、釋慈一／譯
　　　　　　　　　　　　　陳一標／校訂

　　作為宗教文學或哲學著作，佛教聖典當然具備豐富多樣的內容，縱使在教戒、傳說、寓言、笑話、小說、戲曲、歷史、地理、民俗、習慣等人類所有的生活面，像佛教聖典這樣廣涉多方且富於變化者，確為世界文獻所僅見。本書以淺易明白的方式來介紹佛經的成立及現存的主要經典，輕啟您對佛門經典的常識。

經典禪語　吳言生／著

　　禪宗在表現生命體驗、禪悟境界時，於「禪不可說」中建立起一個嚴謹而閎大的思想體系，而本書正是通向禪悟思想之境的一座橋樑。藉由禪師們的機鋒往返，剝落層層的偏執，使你寸絲不掛，讓你在耳際招架不住的困思之中，體證修行與生活一體化的澄明之境，並嗅聞出禪門妙語的真實本性。

經典禪詩　吳言生／著

　　禪宗詩歌是一筆豐厚的文化遺產，從創作主體上來看，包括歷來禪僧創作的悟禪之詩，和文人創作、帶有禪味的詩歌兩大類，而本書所探討的經典禪詩是指前一類。禪宗詩歌與純文學性的詩歌不同，它的著眼點不在於文字的華美、技巧的嫻熟，而在其禪悟內蘊的深邃、豐富；因此，藉由禪詩的吟詠，深足以豐饒身心、澄明生命。

宗教文庫

學習開放傾聽，洗滌心靈，友善分享

經典頌古　吳言生／著

　　禪宗運用了電光石火的公案，以及吟詠公案的頌古來表現其思想體系。頌古的本意，在於使讀者從諷詠吟頌之間體會古則的旨意，是禪文學的一種形式。本書在總體把握禪宗思想的基礎上，立足於禪本義的立場，對吟詠百則公案的頌古進行分析、欣賞，讓自古以來即喧囂禪林的經典頌古廓然朗現。

佛言佛語──佛教經典概述　業露華／著

　　佛教經典浩如煙海，除一些佛門高僧外，一般人很少能遍閱藏經。為此，本書主要對佛教經典，特別是對中國佛教的經典作一些歷史性及概要性的介紹，使讀者閱讀本書後，能對佛教經典的產生、內容及在中國社會的流傳情況有更深的了解。

佛教入門　三枝充悳／著　黃玉燕／譯

　　佛教一直以宗教的立場來開導大眾，使人得到精神安慰。再加上佛教能建立思想，使其成為人們實踐的支柱，這更對各種優異文化的形成、深化、發展等，有很大的貢獻。本書全部圍繞在「何謂佛教」這個主題上，對於佛教入門所必須述及的各種問題，以平實的文字做忠實的敘述，使佛教的整體面貌得以開顯。

宗教學入門　瓦鄧布葛／著　根瑟‧馬庫斯／譯

　　人類的宗教呈現分殊多樣的面貌，這是人類精神所展現的多元現象，也是人類文化的豐富遺產。人類總在理性的盡頭走上信仰，然而，站在人文精神與知識的立場，我們應如何去思索宗教現象，以及探尋關於宗教的可靠知識呢？本書主張把宗教現象視作人類現象來研究，分別從歷史、比較、情境以及詮釋學來充實其內涵，系統性地從幾種不同的學科與途徑來介紹當前的宗教研究，企使宗教建立一門知識性的學科。

國家圖書館出版品預行編目資料

中國民間信仰與道教 / 劉仲宇著. ––初版一刷. ––
　　臺北市；東大，2003
　　　面；　公分

　　ISBN 957–19–2667–1　（平裝）

　　1.民間信仰 2.道教

271.9　　　　　　　　　　　　　　92003323

網路書店位址　http：// www. sanmin. com. tw

ⓒ 中國民間信仰與道教

著作人　劉仲宇
發行人　劉仲文
著作財　東大圖書股份有限公司
產權人　臺北市復興北路386號
發行所　東大圖書股份有限公司
　　　　地址／臺北市復興北路386號
　　　　電話／(02)25006600
　　　　郵撥／0107175–0
印刷所　東大圖書股份有限公司
門市部　復北店／臺北市復興北路386號
　　　　重南店／臺北市重慶南路一段61號
初版一刷　2003年3月
編　號　E 23002–0
基本定價　參元貳角
行政院新聞局登記證局版臺業字第○一九七號

ISBN　957–19–2667–1　（平裝）